AFRIKA FIRST!

FSC
www.fsc.org
MIX
Papier aus verantwortungsvollen Quellen
FSC® C106616

1. Auflage 2020

Lektorat: Bert Hoppe
Satz: artwork-factory.com
Gesetzt aus der DIN und Minion
Covergestaltung: Peter Feierabend und Frank Behrendt
Gesetzt aus der DIN
Druck: PrintMediaNetwork

ISBN 978-3-948272-08-1

Printed in Europe

www.bergundfeierabend.de

Martin Schoeller · Daniel Schönwitz

AFRIKA FIRST!

Die Agenda für unsere gemeinsame Zukunft

BERG & FEIERABEND

Inhaltsverzeichnis

Vorwort Dr. Gerd Müller

Mit Reformpartnerschaften die Zukunft gestalten

Noch vor wenigen Monaten konnte man ohne jeden Zweifel sagen: Afrika ist im Aufbruch. Zu Beginn der Corona-Pandemie lagen sechs der zehn am schnellsten wachsenden Volkswirtschaften auf unserem Nachbarkontinent. Die jährliche Zuwachsrate bei der Internetnutzung lag bei über 20 Prozent. In Afrikas Böden schlummern bedeutende Mengen an Rohstoffen wie Gold, Platin oder Coltan. Und es gibt ein gewaltiges Potenzial an erneuerbaren Energien: So steht in Ouarzazate in der marokkanischen Wüste eines der modernsten Solarkraftwerke der Welt, mit deutscher Unterstützung gebaut. Darauf aufbauend werden wir mit Solarstrom in die Produktion von grünem Wasserstoff und Methanol investieren.

Welches Erbe die Covid-19-Pandemie dem afrikanischen Kontinent hinterlässt, ist genauso ungewiss wie die Situation in Europa. Klar ist aber schon jetzt: Die wirtschaftlichen Auswirkungen drohen langjährige Entwicklungserfolge zunichte zu machen. Geschlossene Grenzen, Tourismus im Stillstand, unterbrochene Handelsströme und Lieferketten bedeuten für viele Menschen in Afrika unmittelbare Existenznot. Denn soziale Sicherungssysteme sind häufig schwach oder fehlen ganz; über Rücklagen verfügt kaum jemand der zu 85 Prozent informell Beschäftigten auf dem afrikanischen Kontinent. Aus der Gesundheitskrise wird schnell eine Hungerkrise. In Niger und Südsudan beispielsweise sind Millionen von Menschen auf Nahrungsmittelhilfe angewiesen.

Umso aktueller und dringlicher ist die Forderung der beiden Autoren dieses Buches, soziale Sicherungssysteme auf- und auszubauen. Bereits vor Corona profitierten in Afrika zu wenige Menschen vom natürlichen Reichtum ihres Kontinents, von internationalem Handel oder Wirtschaftswachstum. Hinzu kommt das Bevölkerungswachstum. Es ist Chance und Herausforderung zugleich: Bis 2050 wird sich die Bevölkerung Afrikas verdoppeln. Allein bis 2030 müssen dort jährlich 20 Millionen neue Jobs für die junge Generation entstehen, die den Menschen ein existenzsicherndes Einkommen und eine Perspektive geben.

Um dem Bedarf der wachsenden Bevölkerung gerecht zu werden, braucht es dringend Investitionen: in Wasserversorgung, Sanitäranlagen, Schulen und Krankenhäuser wie auch in die Transportinfrastruktur. Überdies leben 600 Millionen Menschen – die Hälfte der Bevölkerung – weiterhin ohne Strom. Auch sie brauchen dringend Zugang zu sauberer Energie. Diese Herausforderungen sind groß – wir müssen sie gemeinsam angehen.

Die Zeiten der alten „Entwicklungshilfe“ sind lange vorbei. Die Afrikanische Union hat bereits 2015 eine eigene ambitionierte Entwicklungsvision beschlossen, die Agenda 2063. Auf dieser Basis haben wir die entwicklungspolitische Zusammenarbeit mit Afrika neu aufgestellt: weg vom Geber-Nehmer-Prinzip hin zu einer Partnerschaft auf Augenhöhe, die sich an der jeweiligen Reformagenda unserer afrikanischen Partner orientiert.

Unser 2017 vorgestellter Marshallplan mit Afrika hat diesen Paradigmenwechsel eingeleitet: Deutsche staatliche Entwicklungsunterstützung wird nicht nach dem Gießkannenprinzip verteilt, sondern soll als Katalysator für Investitionen der Privatwirtschaft wirken – und so eine nachhaltige, inklusive und selbsttragende Wirtschaftsentwicklung in Gang setzen, von der alle profitieren.

Dafür haben wir ein neues Modell der Zusammenarbeit entwickelt: die Reformpartnerschaften. Wir fördern die Regierungen gezielt, die in ihren Ländern beim Aufbau von Rechtsstaatlichkeit und dem entschlossenen Kampf gegen Korruption vorangehen. So unterstützen wir dabei, die strukturellen Rahmenbedingungen für privatwirtschaftliches Engagement zu verbessern und damit neue Arbeitsplätze und mehr Einkommen zu schaffen.

Wir haben auch Instrumente entwickelt, um Investitionen von deutschen und europäischen Firmen in afrikanische Länder attraktiver zu machen. Über den Entwicklungsinvestitionsfonds fördern wir solche verantwortungsvollen Investitionen und flankieren mit Beratung und Vernetzung.

Die Corona-Pandemie hat uns vor Augen geführt: Wir leben im globalen Dorf, alles hängt zusammen. Für eine gerechtere Globalisierung müssen wir deshalb soziale und ökologische Fragen zusammendenken: Gesundheit, Bildung, die Gleichberechtigung der Geschlechter, ökologische und soziale Standards in globalen Lieferketten, aber auch den Erhalt der natürlichen Lebensgrundlagen. So gibt es die von allen Mitgliedsstaaten der Vereinten Nationen verabschiedete Agenda 2030 mit ihren 17 Zielen für nachhaltige Entwicklung vor.

Die individuellen Entwicklungspfade eines jeden Landes werden unterschiedlich aussehen. Fest steht jedoch, dass wir nur durch gemeinsame Anstrengungen von Regierungen, Wirtschaft und jedem einzelnen Mitglied der Gesellschaft vorankommen können. In Afrika wie in Deutschland.

Deshalb freue ich mich, dass wir auf engagierte und verantwortungsvolle Unternehmerinnen und Unternehmer wie Martin Schoeller zählen können, der sich mit viel Herzblut und Einsatz für unseren Nachbarkontinent stark macht. Liebe Leserinnen und Leser, ich hoffe, sein Beispiel wird zu weiterem unternehmerischen Engagement für Afrika und für eine weltweit nachhaltige Entwicklung inspirieren!

Dr. Gerd Müller
Bundesminister für wirtschaftliche Zusammenarbeit und Entwicklung

Geleitwort Dr. Antonella Mei-Pochtler

Afrika First, but not alone.

Zugegeben, der eine oder andere Leser dürfte beim Anblick des Titels „*Afrika First*“ intuitiv an bereits bekannte Paradigmen mit isolationistischen Tendenzen in Außen- und Wirtschaftspolitik erinnert werden und dabei bereits ansetzen, entsprechende Vergleiche zu ziehen.

In diesem Fall ist die Wortwahl aber durchaus berechtigt gewählt, wenngleich der Zusammenhang grundlegend anders ist.

Der erste Schritt einer Frühform des Menschen wurde auf afrikanischem Boden getätigt, der Umgang mit Feuer sowie mit ausgefeilten Werkzeugtechniken wurden dort erlernt und andere Erdteile von Afrika aus besiedelt. Rund zwei Millionen Jahre später befinden wir uns erneut in einem Szenario, in dem der als die Wiege der Menschheit bekannte Kontinent eine wichtige – und für Europa entscheidende – Rolle in einer sich verändernden Weltordnung permanent einnehmen wird, und das zu Recht.

65 Prozent der mehr als 1,2 Milliarden Menschen umfassenden afrikanischen Bevölkerung sind jünger als 35 Jahre – 40 Prozent davon sind sogar jünger als 15 Jahre. Das Durchschnittsalter beträgt auf diesem Kontinent demnach 19,5 Jahre und ist damit das niedrigste weltweit. Vergleicht man dies mit jenem in Europa, das bei rund 42,5 Jahren liegt, erhält die in der Vergangenheit verwendete und leider viel zu oft belächelte Bezeichnung „*Africa: A Continent of Opportunities*“ eine komplett neue Bedeutung.

Sollten sich die Prognosen nämlich bewahrheiten, so wird Afrika 2035 der Kontinent mit der weltweit größten Erwerbsbevölkerung sein – fast ein Viertel davon wird dann dort leben. Bis 2050 ist übrigens eine Verdoppelung der Einwohnerzahl

Afrikas zu erwarten, und bis 2100 wird der Kontinent rund 40 Prozent der weltweiten Geburten verzeichnen, sofern keine bildungs- und wohlstandsbedingte Senkung der Geburtenrate stattfindet.

Das hat wesentliche Implikationen für die dringend erforderliche Transformation auf individueller, gesellschaftlicher, wirtschaftlicher und politischer Ebene.

Vor diesem Hintergrund bedarf es keiner weiteren Erläuterung, dass die im ersten Teil der „Agenda für unsere gemeinsame Zukunft“ dargestellten Fakten nicht nur Afrika tangieren. Langfristig werden sich die Auswirkungen von Bildungsmangel, Armut, sozialer Unsicherheit, fehlenden Arbeitsplätzen, vor Ort sich ereignenden Klimakatastrophen und Hungersnöten, Kampfhandlungen, Migration, Bevölkerungswachstum, sinkendem wirtschaftlichem Wachstum und Schuldenbergen keinesfalls mehr auf den Kontinent beschränken lassen – ganz im Gegenteil, die Effekte wären weltweit zu spüren! Diese Risiken zu ignorieren, hieße, zu verkennen, dass Afrika ein elementarer und fest inkorporierter Bestandteil unserer heutigen vernetzten Welt ist.

Österreich hat in seiner bewährten Rolle als Ort des Dialogs und Brückenbauer während seiner EU-Ratspräsidentschaft 2018 das hochrangige Forum Afrika-Europa zum Thema *Taking Cooperation to the Digital Age* ausgetragen, das darauf abzielte, eine neue und wirksame Form der uternehmerischen Zusammmenarbeit auf Augenhöhe zu propagieren. Dass das klassische Modell der Entwicklungshilfe ausgedient hat, ist nicht nur zahlreichen Ökonomen bewusst, es ist auch für die Menschen auf der Straße deutlich zu erkennen. Während des Forums haben sich mehr als 50 offizielle Delegationen von Mitgliedsstaaten der Afrikanischen Union sowie der EU mit fast 1.000 Innovatoren und Start-ups aus Afrika und Europa sowie mit etablierten Unternehmen vernetzt, um gemeinsam über Themen zu Wohlstand und Wachstum zu diskutieren. Allen Teilnehmern war bewusst, dass viele der großen Herausforderungen unserer Zeit nur mit Vision, Technologie und Unternehmertum gelöst werden können. Digitalisierung kann dabei nicht genug Bedeutung beigemessen werden – ob Landwirtschaft, Gesundheit oder Mobilität, die wirksamsten Konzepte sind „digital first".

Unternehmertum gehört in Afrika zur Normalität. Laut der African Development Bank weist Afrika den höchsten Wert weltweit auf; rund 22 Prozent der erwerbstätigen Bevölkerung starten ein Unternehmen – übrigens mit einer der höchsten Frauenquoten weltweit. Wenn Not erfinderisch macht, kann auch zu viel Not paralysieren: Damit Afrika sein großes Potenzial aber voll ausnutzen kann, bedarf es weiterer Voraussetzungen wie die Resilienz vis-à-vis humanitärer, wirtschaftlicher, aber auch gesundheitlicher Krisen. Solche Voraussetzungen haben die Europäer über die letzten 150 Jahre für den eigenen Kontinent geschaffen – in großen Schüben und in vielen kleinen, praktischen Schritten. Man denke beispielsweise an den in Deutschland und auch in Österreich erfolgreich etablierten dualen Bildungsweg, um allseits benötigte Fachkräfte auszubilden. Diese Erfahrung gilt es zu teilen – nicht zuletzt, um auch gut ausgebildete Afrikanerinnen und Afrikaner in den jeweiligen Heimatländern zu halten bzw. um sie nach ihrer Ausbildung außerhalb Afrikas wieder zurückzugewinnen. Unternehmerische Bildungsprojekte, wie die von Sebastian Thruns Online Akademie Udacity, die gemeinsam mit Ägypten durchgeführt wird und die ein breites Programmiertraining für jedermann anbietet, gehen in die richtige Richtung. Wichtig ist auch die weitere Stärkung der Rolle der Frau – hier kann man gerade von den skandinavischen Ländern viel lernen. Das World Economic Forum prognostiziert, dass rund 15 bis 20 Millionen „zunehmend ausgebildete" junge Afrikanerinnen und Afrikaner jedes Jahr über die nächsten drei Jahrzehnte auf den Arbeitsmarkt drängen werden. Die Schaffung von qualitativen

Arbeitsplätzen ist daher fundamental, um die demografische Dividende des Kontinents größtmöglich hebeln zu können.

Die Europäische Union und Österreich können und müssen sich als Katalysatoren im Großen und im Kleinen einbringen, als Partner auf Augenhöhe für die notwendige Transformation in diesen wichtigen Bereichen, um intelligente unternehmerische Lösungen gemeinsam zu entwickeln und deren Potenzial auf die Straße zu bringen. Oder in die Luft – so hat das disruptiv innovative US-Unternehmen Zipline gerade in Afrika sein Geschäft gestartet und so weit entwickelt, dass es nun in anderen Teilen der Welt zum Einsatz kommt. „*Vital – On-Demand Delivery for the World*" ist ihre Mission, dafür haben sie die primäre Blutplasmaversorgung über Drohnenzustellung etabliert. Eine geniale, kostengünstige Infrastrukturlösung, um die Zustellung lebensrettender Produkte in ländlichen Gebieten zum genau benötigten Zeitpunkt, an exakt benötigte Stelle, auf sichere und zuverlässige Weise und über Landesgrenzen hinweg zu garantieren. In Ruanda pilotiert, in Ghana skaliert und nun auch in den USA eingesetzt – ein Beispiel für „*Afrika First, but not Alone*".

Nun dürfen die Europäer ihr Licht nicht unter den Scheffel stellen. So hat das österreichische Unternehmen Helioz – Future Economy mit seinem Kernprodukt WADI – einem unscheinbaren Gerät, das mithilfe von Sonnenkraft Wasser desinfiziert – eine innovative und zugängliche Lösung entwickelt, die für jene 660 Millionen Menschen weltweit relevant ist, denen noch der Zugang zu sauberem Wasser fehlt. Derzeit sterben jeden Tag 2.000 Kinder weltweit an Krankheiten, die durch verunreinigtes Wasser hervorgerufen werden. Auch hier ist „*Afrika First, but not Alone*".

Die Liste inspirierender Beispiele – alleine aus Österreich im Bereich Energie mit der Firma Andritz oder Gesundheit mit der Firma Vamed – ist lang, aber noch nicht lang genug. Denn gerade jetzt brauchen wir die Kombination von mutigen Disruptoren und innovativen Spezialisten, um in Afrika und für Afrika unternehmerische Lösungen im Infrastruktur-, Gesundheits-, Energie-, Mobilitäts- und Landwirtschaftsbereich zu entwickeln. Daher kommt dieses Buch genau zur richtigen Zeit, von den richtigen Vordenkern und konkreten unternehmerischen Umsetzern, wie Martin Schoeller und Team verfasst. Am Ende des Tages sind es aber die Afrikanerinnen und Afrikaner, die selbstbestimmt das Heft in die Hand nehmen werden müssen. In den Worten des ehemaligen US-Präsidenten Barack Obama im Jahr 2009: „*Africa's Future is up to Africans*" – und das heißt „*Afrika First, but not Alone*".

Dr. Antonella Mei-Pochtler
Sonderbeauftragte des Bundeskanzlers
Leiterin Strategiestabs ThinkAustria

Vorwort

Frieden, Freiheit und Wohlstand durch Soziale Marktwirtschaft – die Initialzündung für einen europäisch-afrikanischen Wirtschaftsraum

Die neue Afrikapolitik von Bundesminister Gerd Müller ist ein großer Fortschritt: Wir gehen weg vom Gießkannenprinzip – und hin zu Partnerschaften auf Augenhöhe mit ausgewählten, reformwilligen Staaten. Das schafft Anreize zur Rechtsstaatlichkeit und zugleich attraktivere Bedingungen für die Privatwirtschaft.

Das reicht allerdings noch nicht. In diesem Buch empfehlen wir, Reformstaaten darüber hinaus entschlossen bei Investitionen in die Infrastruktur zu unterstützen. Mit innovativen Finanzierungskonzepten und Garantien ist dies möglich, ohne Steuern zu erhöhen und bestehende Staatshaushalte über Gebühr zu belasten. Und wenn wir Reformen im Sinne der Sozialen Marktwirtschaft zur Bedingung für diese Unterstützung machen, legen wir die Basis, um Armut effektiv zu bekämpfen und breiten Wohlstand zu schaffen.

Im Zentrum der Agenda, die wir in diesem Buch zur Diskussion stellen, stehen deshalb Infrastrukturinvestitionen in Afrika. Die vorgeschlagene Initiative wäre eine Initialzündung – und kein Aderlass für Europa. Denn ein Aufschwung in Afrika würde auch hier Millionen Jobs schaffen, die nach der Corona-Krise dringender denn je gebraucht werden. Zudem kann der Kontinent so auf lange Sicht der neue Wachstumsmotor der Weltwirtschaft werden.

Und machen wir uns nichts vor: Wenn die extreme Armut auch in Zukunft den Kontinent prägt und die Bevölkerung weiter rasant wächst (nach UN-Prognosen auf 4 Milliarden Einwohner in den nächsten 60 Jahren), dann sind die Menschenrechte und der Frieden auch in Europa in Gefahr.

Andererseits hat das Rennen um Afrika begonnen, die Chinesen und Russen stecken längst ihre *Claims* ab. Europa darf hier nicht untätig oder halbherzig daneben stehen, wenn es weiterhin eine gestaltende Rolle in der Weltpolitik spielen möchte.

In Bezug auf Freiheit, Frieden, Menschenrechte und breit verteilten Wohlstand ist Europa die erfolgreichste Region der Welt. In den vergangenen 70 Jahren haben wir den Beweis erbracht, dass ein Gesellschaftsmodell auf Basis von Gegenseitigkeit funktioniert. Europa ist mit einem ähnlich hohen Bruttosozialprodukt wie die USA, aber deutlich niedrigeren Schulden und geringeren Defiziten die finanzstärkste Wirtschaftsmacht der Welt. Und in der Corona-Krise hat die EU ihre gemeinsame Finanz- und Handlungskraft bewiesen.

Da aktuell USA und China mit einem jeweils weniger kooperativen Ansatz um weltweiten Einfluss ringen, hat Europa mit seinem Gesellschaftsmodell auf Basis von Gegenseitigkeit fast so etwas wie ein Alleinstellungsmerkmal. Ich bin deshalb überzeugt: Wir haben die Kraft und die Ressourcen, mit einem europäisch-afrikanischen Wirtschaftsraum den größten Markt der Welt, die Wachstumsregion der Zukunft sowie breiten Wohlstand zu schaffen. Gleichzeitig würden wir auf diese Weise für neue Perspektiven sorgen, die die Flüchtlingszahlen senken.

So lange die USA „*America First*" sagen, disqualifizieren sie sich für Partnerschaften, die naturgemäß auf dem Win-Win-Prinzip basieren. Damit öffnet sich jetzt ein *Window of Opportunity* für Frieden und Freiheit durch die Soziale Marktwirtschaft, also das *European Economic Model*.

Als Konsul von Togo und Familienunternehmer mit Aktivitäten in vielen Ländern in der südlichen Hemisphäre beschäftigt mich Afrika seit vielen Jahren. So arbeite ich daran, dass Togo, eines der kleinen und sehr armen Länder des Kontinents, ein Modell wird für andere Entwicklungsländer. Und auch die Frage, wie sich soziale Standards durchsetzen und ein breiter Wohlstand schaffen lassen, bewegt mich schon seit dem Anfang meines Berufslebens in Brasilien. Im Laufe meiner 40-jährigen Aktivität als Unternehmer bin ich zu dem Schluss gekommen: Nur die Soziale Marktwirtschaft kann die extreme Armut beenden.

Martin Schoeller
Pullach, im Oktober 2020

DANKSAGUNG

Zu diesem Buch haben zahlreiche Menschen aus meinem persönlichen und beruflichen Umfeld beigetragen. Sie haben mich auf interessante Entwicklungen und Veröffentlichungen hingewiesen, meine Argumente hinterfragt und mir geholfen, meine Gedanken zu sortieren und die Arbeit an diesem Buch zu organisieren. Ihnen allen danke ich sehr herzlich.

Besonders bedanken möchte ich mich – auch im Namen meines Co-Autors Daniel Schönwitz – bei Martin Schaffrinna, der sich tief in Datenbanken und Statistiken eingegraben und wertvolle Zahlen, Tabellen und Grafiken zusammengestellt hat.

Mein Dank gebührt darüber hinaus zahlreichen kundigen Gesprächspartnern für spannende Ideen, wertvolle Hinweise und fundierte Einschätzungen. Dazu zählen George Soros, der frühere WTO-Präsident Pascal Lamy, der langjährige EU-Handelskommissar Karel de Gucht und ESM-Präsident Klaus Regling. Auch der langjährige Bundestagsabgeordnete und heutige BMZ-Sonderberater für Westafrika Johannes Singhammer, die Beraterin des österreichischen Bundeskanzlers Antonella Mei-Pochtler und der Außenminister von Togo, Professor Robert Dussey, haben mir sehr geholfen.

Investieren statt helfen – die Gewürzroute 2.0

Warum Afrika die Soziale Marktwirtschaft braucht, was der Fußball damit zu tun hat – und wie wir die europäische Finanzkraft für eine beispiellose Infrastrukturoffensive nutzen können

Es ist eine unfassbare humanitäre Katastrophe: Fast 300 Millionen Menschen in Afrika leiden immer wieder unter schwerem Hunger (*Severe Food Insecurity*), mehr als drei Millionen Kleinkinder sterben dort Jahr für Jahr, auch an den Folgen von Unterernährung. Vom fernen Europa aus betrachtet nehmen wir häufig nur die kalten Zahlen wahr, die uns nicht persönlich betreffen. Doch wir sollten uns vor Augen führen, dass sie für unzählige menschliche Tragödien stehen, die Worte nicht angemessen beschreiben können. Wir müssen deshalb den klassischen menschlichen Reflex der Verdrängung überwinden und handeln.

Von nachfolgenden Generationen werden wir uns sonst fragen lassen müssen: „Was habt ihr dagegen getan?“ Und wir werden uns nicht mit unserem Unwissen herausreden können. Denn in einer globalisierten Welt kann niemand mehr behaupten, er habe die Armut, den Hunger und deren dramatische Folgen nicht registriert. Die Zeit der Ausreden ist vorbei – zumal sich die Lage weiter zuspitzen und ihre Auswirkungen dann auch uns betreffen könnten. Wenn sich das Bevölkerungswachstum in unvermindertem Tempo fortsetzt, werden in Afrika am Ende des Jahrhunderts nicht mehr nur 1,3 Milliarden, sondern mehr als 4 Milliarden Menschen leben, und zwar zu einem großen Teil in extremer Armut. Man muss kein Prophet sein, um vorherzusagen: Spätestens dann werden die Probleme Afrikas auch zu

Problemen Europas. Schon jetzt möchten Millionen Afrikaner dem Elend daheim nach Norden entfliehen.

RIESIGE PROBLEME – UND RIESIGES POTENZIAL

Angesichts dieser Schwierigkeiten und großen Risiken gerät allerdings häufig aus dem Blick, dass der Kontinent zugleich beeindruckende Erfolgsgeschichten schreibt und gewaltige Chancen birgt. Etliche Länder wie Ghana, Ruanda und Äthiopien beweisen, dass Afrika alles andere als ein hoffnungsloser Fall ist; in einigen Regionen sinken die Armuts- und Hungerquoten deutlich.

Das sollte uns Ansporn sein, zumal wir uns vergegenwärtigen müssen: Während das *Downside*-Szenario pessimistisch stimmt, könnte das *Upside*-Potenzial nicht größer sein – auch für Europa. Denn Afrika ist ein vielversprechender Markt in einem frühen Entwicklungsstadium, der eine Kaufkraft aufweist, wie sie China vor 30 Jahren hatte. Damit bietet sich für Europa die Chance, nicht nur eine Massenflucht gen Norden zu verhindern: Gemeinsam mit Afrika können wir den größten Wirtschaftsraum der Welt schaffen – in einer Partnerschaft auf Augenhöhe.

Deshalb müssen wir handeln. Und die gute Nachricht ist: Wir können es auch. Auf der Grundlage einer intensiven Analyse des Status Quo (siehe „Teil I – die Fakten“) stellen wir in diesem Buch sieben Thesen dazu auf, warum bisherige Entwicklungskonzepte die extreme Armut nicht beseitigt haben und auf welcher Grundlage sich ein nachhaltiges und integratives Wachstum realisieren lässt (siehe „Teil II – die Thesen“). Den Abschluss bilden dann unsere Überlegungen, welche konkreten Schritte jetzt notwendig sind, um dieses Ziel zu erreichen (siehe „Teil III – die Agenda“).

Dieses Buch basiert auf intensiven Erfahrungen in Afrika und in anderen Entwicklungsländern sowie auf Recherchen und zahlreichen Gesprächen mit politischen und wirtschaftlichen Entscheidungsträgern in Afrika sowie in Europa. Es zeigt in Form eines sowohl praxisnahen als auch systematisch angelegten

Programms, wie Europa eine Initialzündung für die Entwicklung Afrikas geben kann – auch um den Kontinent nicht alleine den chinesischen Interessen an Ressourcen zu überlassen.

DIE EUROPÄISCHE FRIEDENSFORMEL

Wichtig ist zunächst die Erkenntnis: Die ungeregelte Marktwirtschaft und der schrankenlose globale Handel reichen nicht aus, um die Armut zu besiegen und breiten Wohlstand zu schaffen (siehe These 2 und 3). Anders als Südamerika und Asien, wo in den letzten 30 Jahren Hunderte von Millionen Menschen zur Mittelschicht aufgeschlossen haben, war gerade die Entwicklung in den Ländern Subsahara-Afrikas aus vielerlei Gründen von Stagnation geprägt. Von der Globalisierung haben sie noch nicht profitiert.

Dass auch Kommunismus und Sozialismus für die Armutsbekämpfung keine Lösungen bieten, hat wiederum der Zusammenbruch von DDR und Sowjetunion bewiesen – und Kuba, Nordkorea sowie Venezuela beweisen es noch heute.

Der Sieger im Wettstreit der Systeme ist eindeutig die Soziale Marktwirtschaft, die zum Markenkern Europas gehört. Wir sprechen deshalb vom *European Economic Model* (es ist erstaunlich, dass es bislang noch keine etablierte englische Übersetzung des deutschen Begriffs gibt). Es handelt sich um ein schlüssiges Gesellschafts- und Wirtschaftsmodell, das erfolgreicher ist als der Kommunismus (der keine Anreize schafft) und der Turbokapitalismus (der nicht vor extremer Armut schützt).

In der freien Marktwirtschaft, so hat es einst Adam Smith postuliert, kommen der Ehrgeiz und der Egoismus des Einzelnen letztlich auch dem Gemeinwohl zugute. Inzwischen wissen wir, dass dieses Ideal am Phänomen des Machtmissbrauchs und des partiellen Marktversagens scheitern kann. Der Fußball zeigt jedoch eindrucksvoll, dass Spielregeln, die durchgesetzt werden, ein Fair Play ermöglichen – das Spiel ist der Beweis, wie der menschliche Wettbewerbsehrgeiz, die Energie und der Wunsch zu gewinnen weltweit zum fairen, sportlichen Wettkampf führen können.

Das lässt sich auf die Wirtschaft übertragen. Auch hier bestehen Ehrgeiz und der Wunsch, im Wettbewerb zu gewinnen – aber zugleich die Bereitschaft, Regeln einzuhalten, solange sie für alle gelten und durch ein Schiedsrichtersystem auch durchgesetzt werden. Das *European Economic Model* ruht wesentlich auf vier Pfeilern – den sozialen, ökologischen, kartellrechtlichen und den Anti-Korruptions-Standards. Diese Kernregeln haben dazu geführt, dass auf unserem Kontinent ein gesellschaftlich beispiellos breiter Wohlstand entstanden ist. Mit der Formel „Markt + Regeln = Frieden + Wohlstand" hat Europa in den vergangenen 70 Jahren den Beweis erbracht, dass ein Gesellschaftsmodell auf Basis von Gegenseitigkeit funktioniert – und in vielerlei Hinsicht erfolgreicher ist als die weniger kooperativen Ansätze, mit denen die USA und China um weltweiten Einfluss ringen. Auch Afrika braucht deshalb die Soziale Marktwirtschaft (siehe These 4).

DIE SOZIALE MARKTWIRTSCHAFT IST DER GEWINNER, ABER SIE IST NOCH NICHT IN AFRIKA ANGEKOMMEN

Das wichtigste Ziel für arme Länder lautet zunächst: Wer arbeitet, muss eine Familie ernähren können. Und wer seinen Job verliert, darf nichts ins Elend stürzen. Das ist es, was Papst Franziskus meint, wenn er von „den drei T" spricht: *Terra, Techo, Trabajo* – Menschen brauchen ein Stück Land, ein Dach über dem Kopf und Arbeit.

Davon sind viele afrikanische Länder weit entfernt. Gerade Ungelernte haben oft keinen Verhandlungshebel, um einen Lohn durchzusetzen, der sie auch zum Konsumenten machen würde. Wenn ein Gut wie ungelernte Arbeit im Überfluss vorhanden ist – und das ist ohne funktionierende Sozialsysteme der Fall, weil jeder Geld zum Überleben braucht –, dann versagt der Markt und Regeln sind notwendig.

Ein entscheidender Schritt ist deshalb der Aufbau robuster sozialer Sicherungssysteme. Denn sie stärken die Verhandlungsposition von Arbeitern entscheidend, weil sie eine (wenigstens zeitweilige) Alternative zu unterbezahlter Arbeit haben. Deshalb können sie endlich höhere Löhne bzw. die Einhaltung von gesetzlichen Untergrenzen durchsetzen (siehe These 5).

FAIRE LÖHNE SIND IM INTERESSE DER WIRTSCHAFT

Es mag erstaunlich erscheinen, derlei von einem Unternehmer zu lesen. Doch der Blick auf aufstrebende Volkswirtschaften zeigt: Wenn Arbeitnehmer dank der Spielregeln der Sozialen Marktwirtschaft faire Löhne erhalten, konsumieren sie mehr, und damit steigen die Inlandsnachfrage, das Bruttoinlandsprodukt sowie die Auslastung der Produktion. Das senkt wiederum die Stückkosten, was den Lohnanstieg aus Sicht von Unternehmern kompensieren kann. Es gibt also durch den Mindestlohn und die damit steigende Produktion einen Selbstfinanzierungseffekt, da gleichzeitig die Produktivität steigt.

Henry Ford fasste den Zusammenhang zwischen Massenkonsum und Wirtschaftswachstum einst in die prägnante Formel: Wenn sich nur der Geschäftsführer ein Auto leisten kann, brauche ich keine Fabrik zu bauen. Höhere Löhne sind also auch im Interesse der Wirtschaft. Das führt zu der – nur auf den ersten Blick kontraintuitiven – Schlussfolgerung, dass Lohnsteigerungen allen Akteuren zu Gute kommen.

BEVÖLKERUNGSWACHSTUM STOPPEN, WACHSTUMSKRÄFTE STIMULIEREN

Was mit Blick auf Afrika besonders wichtig ist: Ein deutlicher Lohnanstieg wäre ein entscheidender Schritt, um das Bevölkerungswachstum zu stoppen. Denn mit höheren durchschnittlichen Pro-Kopf-Einkommen sinkt die Geburtenrate (siehe These 6). Und es ist statistisch erwiesen, dass sich die Geburtenraten ab einer Größenordnung von 250 bis 300 Dollar pro Monat dem Gleichgewicht von zwei Kindern pro Frau nähern.

Kommt das Bevölkerungswachstum zum Erliegen, reduzieren sich Verteilungskonflikte und damit verbundene Risiken, stattdessen steigen die Chancen auf eine „demografische Dividende“.

So wie wir die Welt in ein Gleichgewicht bringen müssen, so muss also auch die Bevölkerungszahl in ein Gleichgewicht kommen. Denn dann bedeutet Wirtschaftswachstum endlich auch Wohlstandszuwachs für breite Gesellschaftsschichten – und das ist die beste Voraussetzung für Menschenrechte und Frieden.

Grafik 1: Vom Agrarstaat zur Sozialen Marktwirtschaft

Mit steigenden Löhnen sinken die Geburtenraten

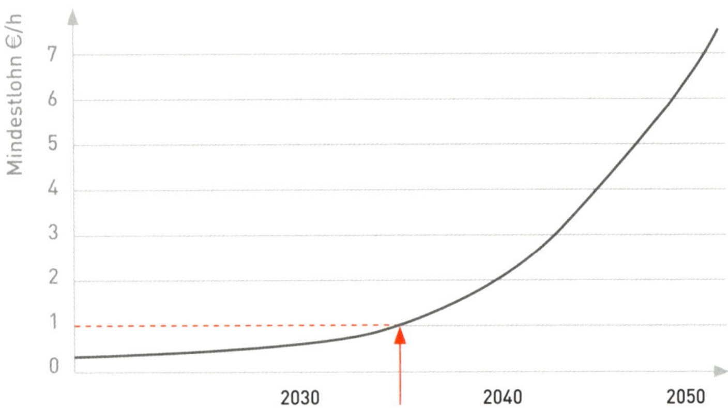

Wenn der Mindestlohn jährlich um 15 Prozent zulegt, bedeutet das eine...
...Vervierfachung in 10 Jahren
...Versechsfachung in 30 Jahren
Wenn wir 1€/h erreichen, stabilisiert sich dank sinkender Geburtsrate die Bevölkerung

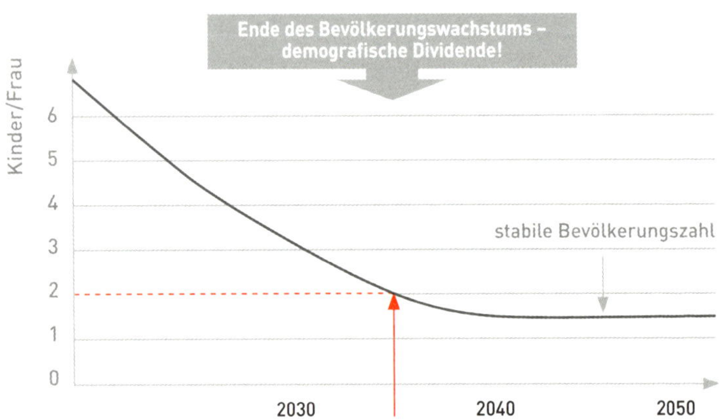

Anders als Pessimisten annehmen, muss dieser Wohlstandszuwachs übrigens keineswegs in die ökologische Katastrophe führen. Längst ist in Fachpublikationen und Büchern nachgewiesen, dass nachhaltiges qualitatives Wachstum möglich ist (siehe These 7).

Es wäre bereits ein Riesenschritt zur Reduktion von Armut und Bevölkerungswachstum, wenn die Mindestlöhne ein Zehntel des europäischen Niveaus erreichen – also umgerechnet knapp einen Euro pro Stunde. Hierfür müssen die aktuellen Löhne in Subsahara-Afrika verzehnfacht werden. Dies kann man organisch erreichen mit einem Wachstum von 15 Prozent pro Jahr innerhalb von 15 Jahren oder auch schneller. Ziel dieses Buches ist es, einen neuen Weg aufzuzeigen, wie sich der Mindestlohn für den Großteil der Afrikaner von 10 Cent pro Stunde auf dieses Niveau bringen lässt – um damit gleichzeitig das Wachstum der Bevölkerung zu stoppen, das andernfalls Konflikte um knappe Ressourcen verschärfen wird.

INVESTITIONEN IN DIE INFRASTRUKTUR ALS INITIALZÜNDUNG

Basis für eine Industrie- und Sozialpolitik, die zu höheren Löhnen führt, ist eine moderne Infrastruktur. Ich vergleiche sie gerne mit einer Plattform: Nur auf ihr kann sich eine arbeitsteilige Marktwirtschaft entwickeln. China hat dies der Welt mit der atemberaubenden Aufholjagd zu einer modernen Industrienation vorgemacht: Zunächst hat das „Reich der Mitte“ – zum größten Teil selbstfinanziert – eine umfassende Infrastruktur aufgebaut. Das war sozusagen die Initialzündung. Eine solche braucht Afrika jetzt auch.

Damit wären wir beim entscheidenden Defizit der aktuellen Entwicklungspolitik: Viele Bemühungen der Europäischen Union, Deutschlands und internationaler Institutionen zielen vor allem darauf ab, private Investoren aus Europa nach Afrika zu locken. Das soll das Wachstum ankurbeln und – irgendwann, irgendwie – zu einer etablierten Wirtschaft nach europäischem Vorbild führen. Wer mit Unternehmern in Afrika spricht oder dort selbst tätig ist, wird erkennen, dass private Investitionen derst dann in ausreichender Höhe kommen können, wenn eine gewisse Infrastruktur vorhanden ist sowie ein Minimum an Rechtsstaatlichkeit und Governance (die beiden letztgenannten Faktoren stehen bereits im Fokus der europäischen Politik).

Wir dürfen deshalb nur auf verstärktes unternehmerisches Engagement in Afrika hoffen, wenn die dortige Infrastruktur entschlossen auf- und ausgebaut wird. Das ist vergleichbar mit der Erschließung von Bauland: Erst wenn Straßen, Kabel und Wasserleitungen liegen, kann der Bau beginnen.

Damit entstünde die erwähnte Plattform, auf deren Basis sich arme Länder in drei weiteren Phasen zu modernen Industrie- und Dienstleistungsgesellschaften mit fairen Löhnen entwickeln können:

» die Phase des Privatinvestments,
» die Phase der Veredelung von Rohstoffen sowie der lohnintensiven Verarbeitung (Schuhe, Textilien etc.) für den Export und
» die Phase des wachsenden internen Konsums.

Grafik 2: Der Weg zum Wohlstand für alle in der Sozialen Marktwirtschaft

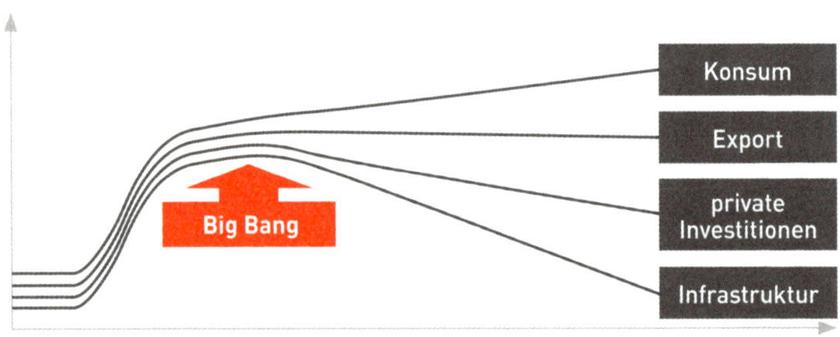

Hohe Infrastruktur-Investitionen (I) lösen private Investments aus (II), die zu einem Anstieg der Exporte (III) und des Konsums (IV) führen. Auf diese Weise reift der Agrarstaat zu einer modernen Industrie- bzw. Dienstleistungsgesellschaft, deren Stützen der Export und der Konsum sind. *Private Investitionen und Infrastrukturmaßnahmen sind nicht mehr im selben Maße erforderlich.*

Grafik 3: Das Vier-Phasen-Wachstumsmodell für Entwicklungsländer

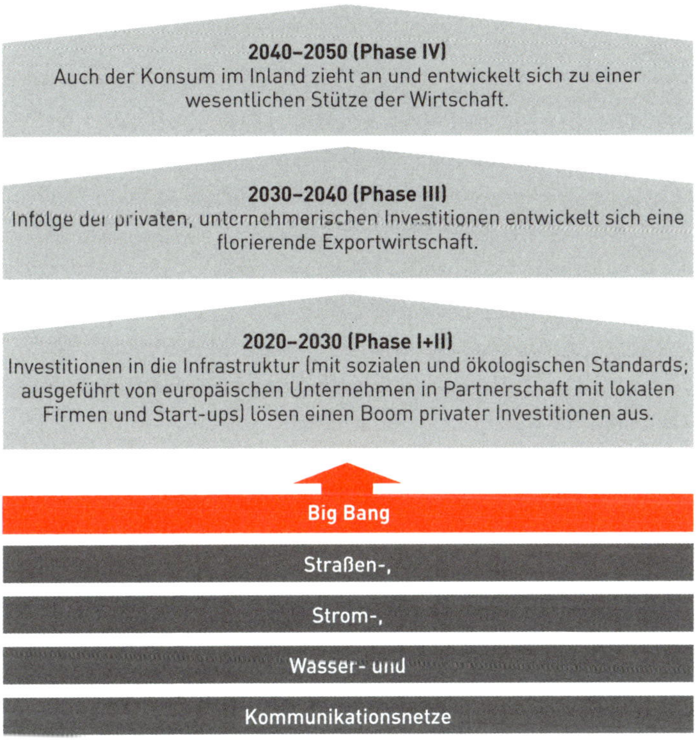

WIE EUROPA GEMEINSAM MIT AFRIKA KAPITAL FÜR DEN AUFBAU AFRIKAS MOBILISIERT

Hier setzt unser Konzept an (siehe „Teil III – die Agenda“): Wir plädieren dafür, jene Länder, die Reformen im Sinne der Sozialen Marktwirtschaft anschieben, mit fairen Infrastrukturkrediten zu unterstützen. Dies kann auch ausschließlich durch europäische oder deutsche Garantien für privatplatzierte Anleihen geschehen. Denn arme Länder sind mit einem entscheidenden Hindernis konfrontiert: Sie haben keine ausreichenden Ressourcen, und teilweise fehlt auch das Know-how, um solche Investitionen und Projekte alleine zu stemmen.

Wir schlagen deshalb vor, dass Europa, ähnlich wie es Deutschland in der ehemaligen DDR gemacht hat, im großen Stil Investitionen in Afrika finanziert oder auch nur garantiert – und zwar mit Hilfe von Entwicklungsbanken wie der European Investment Bank (EIB), der European Bank for Restructuring and Development (EBRD), der Kreditanstalt für Wiederaufbau (KfW) und der African Development Bank. Über *Africa Bonds* könnten diese Institutionen Kapital bei europäischen Anlegern mobilisieren und in Form fairer Kredite weiterreichen. Mit unserem Konzept (siehe Hebel 1) wären weder Steuererhöhungen noch untragbare Verlustrisiken verbunden. Denn die europäische Bonität und die Verknüpfung mit Reformen sorgt dafür, dass die Bonds werthaltig und jederzeit liquide bleiben. Bürger, die die Anleihen kaufen, behalten also ihr Geld – und trotzdem entsteht gleichzeitig Infrastruktur in Afrika.

Europa würde also seine Bonität und Finanzierungskraft nutzen, um Geld für den Aufbau Afrikas zu mobilisieren. Damit würden wir sozusagen die Bürger Afrikas ersetzen, die (noch) nicht in der Lage sind, auf breiter Front in die gemeinsame Infrastruktur zu investieren. Und wir sind überzeugt, dass es für Africa Bonds am Markt großes Interesse gäbe, weil Anleger heute keine Staatsanleihen mehr zu attraktiven Konditionen bekommen. Platzierungen würden deshalb schnell von privaten Investoren absorbiert.

WAS EUROPÄISCHE OFFERTEN ATTRAKTIVER MACHT

Wichtig ist allerdings, dass europäische Finanzierungsangebote für reformorientierte afrikanische Politiker und Regierungen attraktiver sind als Offerten aus Fernost. China verlangt zwar nicht selten hohe Zinsen, pocht auf relativ kurze Laufzeiten und lässt sich bei Fälligkeit den Besitz an der finanzierten Anlage übertragen. Dafür macht das Reich der Mitte jedoch schnelle, unbürokratische Zusagen, während die EU oft quälend lange braucht. Diese Problematik hat der Außenminister von Togo, Prof. Robert Dussey, anlässlich der Münchner Sicherheitskonferenz sehr anschaulich dargestellt.

Da sich Peking das Eigentum an der kreditfinanzierten Infrastruktur sichern lässt, wenn es zu Problemen bei der Rückzahlung kommt, ist bereits von einer „Diplomatie der Schuldenfalle" die Rede: Viele afrikanische Staaten sind inzwischen in eine starke Abhängigkeit von China geraten (siehe Kapitel 5). Zudem ist offensichtlich, dass viele Infrastrukturprojekte vor allem den Interessen Chinas dienen – und weniger denen der Länder selbst.

Hier kann Europa dagegenhalten mit Krediten zu niedrigeren Zinsen, mit längeren Fristen und mit Standards, die den Wohlstand in der Region fördern. Vielfach würden schon Garantien ausreichen, die einem Land die Platzierung eigener Anleihen zu niedrigeren Zinsen ermöglichen. Europa will keinen privilegierten Zugang zu Ressourcen, sondern Partnerschaften, die freilich zu beiderseitigem Vorteil wären. Denn auch wir würden langfristig vom Bau der Infrastruktur und insbesondere der darauffolgenden Zunahme der Handelsbeziehungen sowie von niedrigeren Flüchtlingszahlen profitieren.

MIT ÜBERSCHAUBAREN SUMMEN GROSSES BEWEGEN

Für spürbare Effekte reichen Beträge, die in Afrika viel bewegen und im europäischen Kontext kaum sichtbar sind. So hat das fur Togo vom Tony Blair Institute for Global Change vorgeschlagene Infrastrukturprogramm (*Plan National de Développement*) cin Volumen von 6 bis 7 Milliarden Euro, was rund 1.000 Euro pro Einwohner entspricht. Das ist verschwindend wenig im Vergleich zu den Summen, die etwa seit der Wiedervereinigung in Ostdeutschland investiert wurden. Für Togo aber ist es sehr viel, weil es hilft, dem Land einen großen und womöglich entscheidenden Schub zu geben. Wenn dies in Togo gelingt, kann das Programm ein beispielgebendes Leuchtturmprojekt für viele afrikanische Länder werden.

In diesem Zusammenhang ein Gedankenspiel: 1.000 Euro pro Kopf wie in Togo würden hochgerechnet auf ganz Afrika rund 1.300 Milliarden Euro bedeuten. Das entspricht ungefähr dem

Betrag, den China Schätzungen zufolge bis 2027 in die Seidenstraßeninitiative investieren will.

Wir sind überzeugt, dass Europa über Africa Bonds 100 Milliarden Euro pro Jahr für Afrika mobilisieren kann, ohne die Staatshaushalte und somit die Steuerzahler zu belasten. Das entspräche 0,5 Prozent unseres Bruttosozialprodukts, würde die regionale Wirtschaft ankurbeln und Millionen Jobs schaffen. Und wenn wir die jährlichen Zinsen für die Infrastrukturkredite übernehmen würden – etwa im Rahmen innovativer Programme zur Entwicklungszusammenarbeit –, entspräche das einer Belastung für jeden EU-Bürger von einem Cent pro Tag. Wenn wir bestehende Entwicklungshilfebudgets klug einsetzen und umschichten, ist dieser Betrag allerdings schon aus dem bestehenden Steueraufkommen finanzierbar und muss nicht zusätzlich erhoben werden.

Die Summe von 100 Milliarden Euro entspräche bei aktuellen Wechselkursen übrigens ungefähr der Finanzierungslücke für den Ausbau der Infrastruktur in Afrika, die die African Development Bank auf bis zu 108 Milliarden Dollar pro Jahr schätzt. Und um die Relation noch einmal deutlich zu machen: Für Europa würde der Staatsschuldenstand von 13 auf 13,1 Billionen Euro steigen, für Afrika würde sich die Welt verändern. Und wenn wir mit Garantien arbeiten, würden diese nach heutiger Rechnungslegung gar nicht in der Schuldenberechnung erscheinen.

Mit den Summen oder Garantien, die Europa aufbringen könnte, ohne dass wir uns einschränken müssten, ließe sich in Afrika unglaublich viel bewirken. Und vergessen wir nicht: Das Geld käme vielfach zurück in Form eines florierenden europäisch-afrikanischen Wirtschaftsraums, der auch in Europa Millionen Jobs schaffen würde. Das ist wichtiger denn je – angesichts des zunehmenden geopolitischen Wettbewerbs mit China und den USA, aber auch aufgrund der nachhaltigen Veränderung durch die Corona-Krise, die Millionen Arbeitsplätze vernichtet.

Anleger in aller Welt suchen angesichts niedriger Zinsen zudem ohnehin händeringend nach alternativen Geldanlagen:

Laut einer aktuellen Studie sind die Vermögen dieser Welt trotz Corona-Krise auf den Rekordwert von fast 195 Billionen Euro gestiegen. Mit nur 1 Billion davon können wir Afrika zu einer boomenden Region machen. Die niedrigen Zinsen, die vor allem auf systemimmanente Überkapazitäten in reifen Industriegesellschaften zurückzuführen sind, bieten uns damit die Jahrhundertchance, mit überschaubarem Einsatz Großes zu bewegen.

WIR MÜSSEN EINE EUROPÄISCHE SEIDENSTRASSE BAUEN – DIE GEWÜRZROUTE 2.0!

Wir plädieren deshalb nachdrücklich dafür, die Potenziale des Kapitalmarkts zu nutzen, mutig zu investieren und Finanzierungen mit Garantien zu unterstützen. Angesichts niedriger Schulden – gerade im Vergleich zu den USA – und mit intelligenten Finanzierungskonzepten ist es für Europa wirtschaftlich und technisch machbar, binnen zehn Jahren 1 Billion für Afrika zu mobilisieren, ohne dass dies zulasten anderer Herausforderungen geht (zumal Investitionen in Afrika die Energiewende beschleunigen können).

Um es auf den Punkt zu bringen: Wir möchten mit diesem Buch deutlich machen, dass mehr finanziert werden muss, dass wir uns das leisten können und dass wir die Unterstützung mit den Standards der Sozialen Marktwirtschaft verknüpfen müssen, um die extreme Armut zu beenden.

Dadurch können wir das Leben von Hunderten von Millionen Menschen (und ihren Nachkommen) nachhaltig verbessern. Geht man von einem Umschlagfaktor 3 für Investitionen in Infrastruktur aus, dann kann hierdurch ein jährliches Wachstum entstehen, das wie in China Raten von 10 bis 15 Prozent erreicht.

Auf diese Weise würden wir schließlich an eine große Tradition anknüpfen: Die Gewürzroute verband seit Vasco da Gama Europa mit Afrika und Indien – drei Regionen, die heute rund die Hälfte der Menschheit beheimaten. Mit einer Neubelebung dieser Verbindung, also einer „Gewürzroute 2.0“, kann Europa die Basis für einen florierenden Wirtschaftsraum legen und der chinesischen „Neuen Seidenstraße“ etwas Substanzielles entgegensetzen – ohne koloniale Attitüde. Mit der Perspektive, einen europäisch-afrikanisch-indischen Wirtschaftsraum anzustreben, könnte langfristig die halbe Menschheit vom *European Economic Model* profitieren.

Sicher, dass wir Reformen im Sinne der Sozialen Marktwirtschaft fordern, könnte ebenfalls als Bevormundung interpretiert werden. Doch wer sich etwa mit den politischen Entscheidungsträgern in Togo unterhält, der erkennt: Auch bei dortigen Reformern ist die Erkenntnis gereift, dass rechtliche und soziale Standards von entscheidender Bedeutung sind, damit das Wachstum auch bei den Armen ankommt. Zudem fördert bereits der innerafrikanische Wettbewerb die Bereitschaft, sich mit Best Practice als moderner reformbereiter Staat zu positionieren. Und wir müssen unsere Forderungen keineswegs als europäische Besserwisserei einbringen, sondern können uns auf die „17 Sustainable Development Goals“ (SDGs) der United Nations berufen. Denn ein großer Teil dieser SDGs kann gleichzeitig erreicht werden, wenn wir über soziale Standards und höhere Löhne die extreme Armut beseitigen.

Es besteht also Interessenkongruenz mit reformorientierten Entscheidern und vor allem den Armen, die meist keine Stimme haben. Von bisherigen Reformkonzepten wie etwa dem Washington Consensus haben sie jedenfalls nicht profitiert, weil die soziale Dimension der Marktwirtschaft vernachlässigt wurde.

VERTIEFTE ENTWICKLUNGSPARTNERSCHAFTEN, FAIRER HANDEL

Unsere Agenda sieht neben der Infrastrukturfinanzierung daher zwei weitere Hebel vor, um Reformen zu fördern: Wir empfehlen dringend, die Soziale Marktwirtschaft zum Kernbaustein unserer Handels- und Entwicklungsbeziehungen mit Afrika zu machen – in partnerschaftlicher Weise und unter Berücksichtigung der Besonderheiten von Entwicklungsländern und ihren Traditionen. Auch die Entwicklungszusammenarbeit und vertiefte Handelspartnerschaften sollten also an die Einführung von Standards im Sinne des *European Economic Model* geknüpft werden – nach dem Prinzip „fördern und fordern“ (siehe Hebel 2).

Diese Standards sorgen für Fair Play auf allen Ebenen und können sukzessive über die Zusammenarbeit zwischen Afrika und Europa eingefordert und eingeführt werden. Die laufenden Verhandlungen über einen neuen EU-Afrika-Vertrag (das sogenannte Cotonou-Folgeabkommen) bieten dazu eine Jahrhundertchance. Wir müssen sie nutzen! Wir haben dazu einen konkreten Vorschlag für eine Ergänzung des Abkommens erarbeitet und den Verantwortlichen im Bundesentwicklungsministerium vorgestellt (siehe Anhang).

Klar ist: Die bedingungslose Eliminierung von allen möglichen Handelshemmnissen hat nicht den notwendigen Erfolg für die Bekämpfung der Armut gebracht. Jetzt kommen wir in die Phase der Globalisierung 2.0, wo ein durch klare Regeln abgesicherter Handel zum Katalysator für die Soziale Marktwirtschaft wird. Wir sollten Reformstaaten deshalb neue, faire Handelsverträge anbieten (siehe Hebel 3).

MIT INNOVATION GEGEN KORRUPTION

Bei der Entwicklungshilfe sind wir dank der neuen Afrikapolitik von Bundesentwicklungshilfeminister Gerd Müller schon einen großen Schritt vorangekommen. So sind Deutschlands neue Reformpartnerschaften in Afrika von der Erkenntnis geprägt, dass Standards nur dann eingehalten werden, wenn es Schiedsrichter gibt – also zum Beispiel Anti-Korruptions-Behörden, Kartellwächter, staatliche Gerichte oder Schiedsinstitutionen. Deren Aufbau ist zu Recht ein wichtiges Element der Entwicklungszusammenarbeit. Sie fördert zum Beispiel Fortschritte im Kampf gegen Korruption, die vielen als entscheidendes Hindernis für stärkeres unternehmerisches Engagement in Afrika gilt.

Darüber hinaus kann eine technologische Innovation hier helfen. Deshalb schlagen wir vor, dass sowohl die Vertragsabschlüsse als auch die prozessuale Abwicklung im Bereich der Entwicklungszusammenarbeit und Infrastrukturfinanzierung mit Hilfe der Blockchain-Technologie durchgeführt werden. Dadurch kann keine Seite einseitig Verträge oder Abläufe ändern. Zudem könnten internationale Wirtschaftsprüfungsgesellschaften kontrollieren, dass die einzelnen Schritte korrekt durchgeführt werden.

Das zeigt: Vorurteile dürfen nicht zur Leitlinie unseres Denkens und Handelns werden. Afrika ist auf vielerlei Ebenen wesentlich weiter, als viele Beobachter denken. Mit Investitionen, Innovationen und intelligenten Finanzierungskonzepten können wir deshalb jetzt gemeinsam Großes bewegen – zum Wohle beider Kontinente.

TEIL I

DIE FAKTEN

KAPITEL 1

Armut, Hunger und soziale Unsicherheit

Die Situation ist dramatisch: Während in Asien und Südamerika immer mehr Menschen zur Mittelschicht aufschließen, leiden weiter Hunderte Millionen Afrikaner unter bitterer Armut und Hunger – Tendenz steigend. Damit ist Afrika der Verlierer der Globalisierung.

DER REST DER WELT ENTRINNT DER ARMUT

Über Afrika als Einheit zu sprechen, ist angesichts der Vielfalt des Kontinents gewagt. Doch im Vergleich mit den anderen Erdteilen zeigen sich einige Tendenzen, die verdeutlichen: Afrika hat die mit Abstand größten Probleme – und ist derzeit der klare Verlierer der Globalisierung.

So liegen die 14 ärmsten Länder der Welt laut aktuellen Zahlen allesamt in Afrika. Die jeweilige Wirtschaftsleistung liegt bei weniger als 2.000 Dollar pro Jahr und Kopf; zum Teil leben drei von vier Menschen in „absoluter Armut". Das heißt, dass sie mit weniger als 1,90 Dollar am Tag auskommen müssen (jeweils umgerechnet in lokale Kaufkraft, siehe Tabelle 1). Allein in der Demokratischen Republik Kongo betrifft dies fast 65 Millionen Menschen.

Insgesamt leiden laut Weltbankreport *Accelerating Poverty Reduction in Africa* (2019) rund 413 Millionen Afrikaner unter bitterer Armut – 1990 waren es 278 Millionen Menschen. Im Zuge des starken Bevölkerungswachstums sank die Quote zwar von 54 auf 41 Prozent, aber angesichts der dramatisch steigenden absoluten Zahlen ist das ein denkbar schwacher Trost.

Wenn sich der Trend fortsetzt, so prognostiziert die Weltbank, werden 2030 fast neun von zehn „extrem Armen" auf der Welt in der Mitte und im Süden Afrikas leben. Denn andere

Regionen kommen im Kampf gegen die Armut voran – vor allem Asien und Lateinamerika. Nachdem 1990 noch 1,9 Milliarden Menschen außerhalb Afrikas unterhalb der Armutsgrenze lebten, waren es zuletzt 736 Millionen. Im Rest der Welt leben heute also rund 1,1 Milliarden Menschen weniger in absoluter Armut als vor 30 Jahren.

So liegt die Armutsquote laut Zahlen der Weltbank in Ostasien inzwischen bei 1,3 Prozent und in Lateinamerika bei 4,4 Prozent. Selbst das südliche Asien steht mit einer Quote von 16,1 Prozent absolut Armen weit besser da als die meisten afrikanischen Staaten. Zu den beeindruckendsten Aufsteigern gehört – neben China – Vietnam. Anfang der 1990er-Jahre waren dort noch mehr als die Hälfte der Menschen bitterarm. Heute sind es 1,9 Prozent.

In Afrika liegt die Abschaffung der Armut, die die Vereinten Nationen 2015 in den *Sustainable Development Goals* als wesentliches Ziel ausgerufen haben, dagegen unverändert in weiter Ferne: Die Quote der Menschen, die in bitterer Armut leben, sinkt nur quälend langsam – und die absolute Zahl ist zuletzt sogar noch weiter gestiegen.

Tabelle 1: Die 14 ärmsten Länder der Welt liegen in Afrika

		Wirtschaftsleistung pro Kopf/Jahr[1]	Anteil der „absolut Armen" (in %)[2]
1	Burundi	**730**	38,6
2	Zentralafr. Republik	**730**	66,3
3	DR Kongo	**870**	77,1
4	Niger	**990**	45,5
5	Liberia	**1.160**	38,6
6	Malawi	**1.180**	70,9
7	Mosambik	**1.210**	68,7
8	Sierra Leone	**1.500**	52,3

		Wirtschaftsleistung pro Kopf/Jahr[1]	Anteil der „absolut Armen" (in %)[2]
9	Madagaskar	**1.510**	77,8
10	Gambia	**1.660**	45,3
11	Guinea-Bissau	**1.700**	67,1
12	Togo	**1.720**	49,1
13	Burkina Faso	**1.800**	43,4
14	Uganda	**1.820**	41,6
15	**Haiti**	**1.830**	**24,9**
16	Äthiopien	**1.890**	33,5
17	Tschad	**1.920**	38,4
18	**Afghanistan**	**1.980**	**k.A.**
19	Ruanda	**1.990**	60,4
20	Mali	**2.160**	49,3
21	Zimbabwe	**2.210**	21,4
22	Guinea	**2.230**	35,3
23	Benin	**2.260**	49,8
	(...)		
27	Komoren	**2.760**	17,7
28	Tansania	**2.920**	49,1
	( )		
30	Kenia	**3.250**	33,6
31	Lesotho	**3.290**	59,7
32	Senegal	**3.360**	38,0
	(...)		
35	Kamerun	**3.640**	24,0
	(...)		
38	Elfenbeinküste	**3.820**	27,9
39	Sambia	**3.890**	57,5
40	Mauretanien	**3.890**	5,9
	(...)		
43	Ghana	**4.280**	13,6

		Wirtschaftsleistung pro Kopf/Jahr[1]	Anteil der „absolut Armen" (in %)[2]
	(...)		
46	Sudan	**4.480**	14,9
	(...)		
48	Kongo	**4.920**	37,0
	(...)		
52	Nigeria	**5.700**	53,5
	(...)		
60	Angola	**6.440**	30,1
	(...)		
62	Kap Verde	**6.640**	8,1
	(...)		
70	Marokko	**8.060**	3,1
	(...)		
82	Namibia	**10.300**	22,6
	(...)		
86	Ägypten	**11.360**	1,4
87	Tunesien	**11.530**	2,0
	(...)		
97	Südafrika[3]	**13.090**	16,6

[1] gemessen am Bruttonationalprodukt, in Dollar, umgerechnet in lokale Kaufkraft
[2] Anteil der Einwohner, die mit weniger als 1,90 Dollar (umgerechnet in lokale Kaufkraft) auskommen müssen
[3] nicht unter den 100 ärmsten Ländern: u.a. Algerien, Botswana, Gabun, Libyen / nicht berücksichtigt: u.a. Dschibuti, Sao Tomé
Quelle: Weltbank (https://data.worldbank.org/, abgerufen 2019)

FAST 300 MILLIONEN AFRIKANER HUNGERN

Die unmittelbarste und schwerwiegendste Folge der Armut: Hunger. Die Welternährungsorganisation hat in ihrem Bericht *State of Food Security and Nutrition in the World 2019* festgestellt, dass in Afrika 277 Millionen Menschen unter starkem Hunger leiden. Das entspricht einer Quote von 19,9 Prozent. Jeder Fünfte muss also immer wieder ganze Tage ohne Essen auskommen. Im Jahr 2015 lag die Quote noch bei 18,1 Prozent – sie ist also nicht wie erhofft gesunken, sondern gestiegen. Betrachtet man Subsahara-Afrika, hat sie sich sogar von 20,9 auf 22,8 Prozent erhöht. Zu den wesentlichen Treibern dieser Entwicklung gehören bewaffnete Konflikte, zum Beispiel im Sudan, in Mali oder in der Zentralafrikanischen Republik. Dort ist die Situation besonders dramatisch: Laut *Welthungerindex* liegt der Anteil der unterernährten Menschen bei 61,8 Prozent – der mit Abstand höchste Wert weltweit. In zahlreichen weiteren afrikanischen Staaten liegt die Quote laut Welthungerhilfe bei mehr als 40 Prozent, darunter Madagaskar, Simbabwe und Uganda. Zum Vergleich: In Lateinamerika liegt die Quote der Hungernden bei knapp 7 Prozent. Die Zahlen zeigen: Das Ziel der UN, den Hunger bis 2030 weitgehend zu besiegen (*Zero Hunger Challenge*), ist in Afrika kaum noch erreichbar.

Grob geschätzt handelt es sich bei den Hungernden zu 50 Prozent um Kleinbauern, zu je 20 Prozent um Landarbeiter und Bewohner städtischer Elendsviertel sowie zu 10 Prozent um Viehzüchter und Fischer. Und mit den – vermeintlichen – Ernährern hungern auch ihre Familien.

Besonders viele Heranwachsende sind im Tschad, im Sudan und in Dschibuti vom Hunger betroffen, wo je rund 15 Prozent der Kinder an „Auszehrung“ leiden (also an lebensbedrohlicher Abmagerung). Das führt zu hohen Kindersterblichkeitsraten: Allein südlich der Sahara sterben jedes Jahr rund 3,2 Millionen Kinder unter fünf Jahren. Das ist etwa die Hälfte aller weltweiten Todesfälle in dieser Altersgruppe. Im Durchschnitt stirbt in Subsahara-Afrika eines von neun Kindern vor seinem fünften Geburtstag.

Tabelle 2: Welthungerindex

Quoten in ausgewählten afrikanischen Ländern (Angaben teilweise geschätzt)

	Unterernährte Einwohner in %	Ausgezehrte Kinder < 5 J. in %	Sterblichkeit (in %, Kinder < 5 J.)
Angola	23,9	4,9	8,3
Äthiopien	21,4	9,9	5,8
Dschibuti	19,7	16,7	6,4
Guinea-Bissau	26,0	6,0	8,8
Kongo	37,5	8,2	5,4
Liberia	38,8	5,6	6,7
Madagaskar	43,1	8,4	4,6
Mali	6,0	13,5	11,1
Niger	14,4	10,9	9,1
Ruanda	36,1	2,0	3,9
Sambia	44,5	6,3	6,3
Sierra Leone	25,5	9,4	11,4
Sudan	25,2	16,3	6,5
Somalia	50,6	15,0	13,3
Tschad	39,7	13,0	12,7
Uganda	41,4	3,6	5,3
Zentralafr. Rep.	61,8	9,2	12,4
Zimbabwe	46,6	3,2	5,6

Quelle: Global Hunger Index (2019), Welthungerhilfe

Das offenbart: Wenn Menschen Hunger leiden, trifft es die Kleinsten besonders hart. Und neben den lebensbedrohlich Abgemagerten sind Millionen Heranwachsende wegen unzulänglicher Ernährung zu klein für ihr Alter. Nach UN-Angaben betrifft dies weltweit 149 Millionen Kinder, von denen 90 Prozent in Afrika und in Asien leben. Außerhalb Afrikas ist die Situation in

Bangladesch besonders schlimm, wo laut *Welthungerindex* fast 15 Prozent der Kinder im Vorschulalter „ausgezehrt" sind. Die Mangelernährung kann neben vermindertem Wachstum weitere gravierende Folgen haben – vom Abbau der Atemmuskulatur über Herzrhythmusstörungen bis hin zu einem schwachen Immunsystem und einer entsprechend hohen Anfälligkeit für Infektionen. Eine Folge des Hungers sind deshalb immer wieder schwere Krankheiten.

Abgesehen von den bewaffneten Konflikten gehören hohe Nahrungsmittelpreise und Dürren zu den wesentlichen Faktoren, die Fortschritte verhindern – wobei die Klimakrise eine zentrale Rolle spielt, weil sie Afrika schon jetzt besonders hart trifft (siehe Kapitel 2). In Kenia zum Beispiel verdunstet infolge der Erderwärmung immer mehr Wasser aus dem Turkanasee, wodurch er zunehmend versalzt. Bauern haben deshalb rund um den See erhebliche Probleme, ihre Felder zu bewässern. Das verschärft die Lebensmittelknappheit und treibt die Preise nach oben. Zugleich kommt es zu verstärkten Konflikten um fruchtbares Land.

Der Klimawandel trifft also gerade Kleinbauern mit voller Wucht. Hinzu kommt, dass sich Agrarkonzerne und Investoren aus dem Ausland besonders ertragreiche Flächen sichern. Laut *Weltagrarbericht* haben sie seit der Jahrtausendwende rund 10 Millionen Hektar in Afrika erworben. Das entspricht einer Fläche, die größer ist als Bayern und Hessen zusammen. Auf diesen Flächen werden vorrangig Pflanzen und Getreide für den Export angebaut, wodurch sie für die Nahrungsmittelproduktion für die örtliche Bevölkerung weitgehend ausfallen.

NUR JEDER FÜNFTE IST DURCH SOZIALSYSTEME ABGESICHERT

Die meisten Afrikaner dürfen nicht auf den Staat hoffen, wenn sie arbeitslos, krank oder alt werden. Im Durchschnitt sind nach Berechnungen der International Labour Organization (ILO) nur knapp 18 Prozent der Einwohner afrikanischer Staaten in solchen Fällen abgesichert – sei es durch staatliche Transferzahlungen oder Leistungen einer Sozialversicherung. Selbst im „sozialsten" Staat Südafrika kommen nur 48 Prozent der Bevölkerung in den Genuss sozialer Sicherungssysteme. In Lesotho, Kamerun, Burkina Faso, Gambia, Nigeria und Uganda liegt die Quote weit unter 10 Prozent:

Grafik 4: Kaum Schutz vor Armut

Anteil der Einwohner, die in eine Sozialversicherung einzahlen oder Sozialleistungen erhalten (in %)

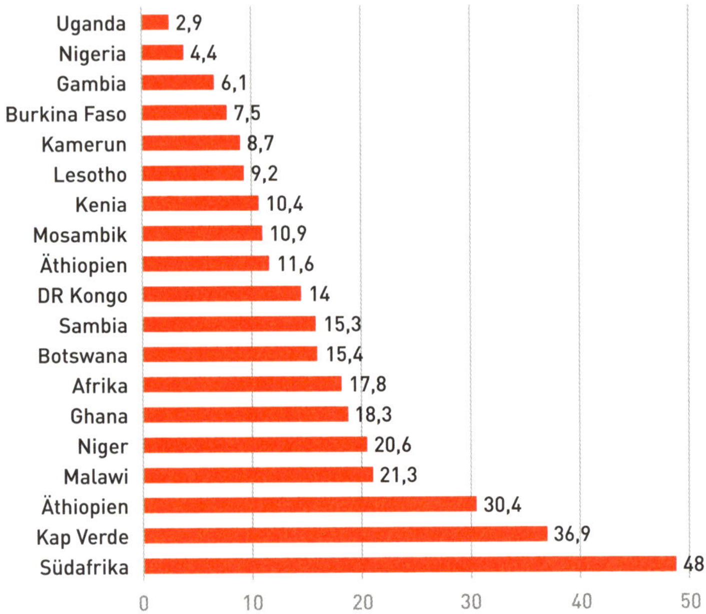

Quelle: World Social Protection Report 2017–2019, ILO

Am weitesten verbreitet sind Rentenversicherungen: Knapp 30 Prozent der Afrikaner, die landesspezifische Altersgrenzen erreichen, erhalten eine Rente. In Botswana, Mauritius und auf den Seychellen sind es sogar 100 Prozent. In Ländern wie Sierra Leone, Tschad, Malawi, Mali und Burkina Faso erhalten dagegen nicht mal 3 Prozent der Alten Geld vom Staat. Häufig sind Begünstigte aber auf zusätzliche Unterstützung ihrer Familien angewiesen, weil die Rente allein nicht zum Leben reicht.

Noch deutlich schwächer ausgeprägt sind andere Sozialversicherungssparten. So schätzt die ILO, dass nur 5,6 Prozent der Afrikaner nach einem Jobverlust in irgendeiner Form Arbeitslosenunterstützung erhalten:

Grafik 5: Arbeitslos? Der Staat hilft nicht

Quote der Erwachsenen ohne Job, die Arbeitslosenunterstützung erhalten (in %)

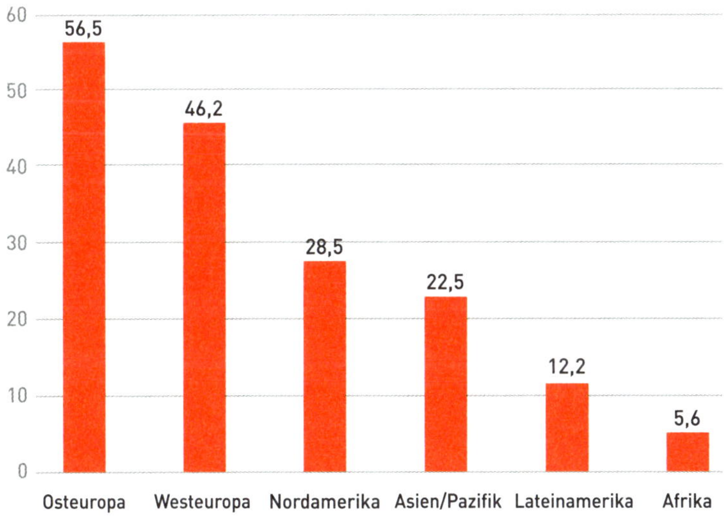

Quelle: World Social Protection Report 2017–2019, ILO

Südlich der Sahara sind es deutlich weniger. Zum Vergleich: In Westeuropa liegt die Quote laut ILO bei 46,2 Prozent, in Osteuropa bei 56,5 Prozent. Hinzu kommen in Europa meist weitere Sicherungssysteme, sodass vergleichsweise wenige Menschen durchs soziale Netz fallen.

Auch im Krankheitsfall sind Afrikaner schlecht abgesichert: Nur wenige kommen in den Genuss einer gesetzlichen Krankenversicherung, die im Ernstfall einspringt. So haben laut ILO drei von vier Afrikanern keinen gesetzlichen Anspruch auf Gesundheitsschutz, sei es durch eine Krankenversicherung oder durch ein Recht auf medizinische Versorgung. In Asien und Lateinamerika ist der Anteil der nicht Abgesicherten jeweils deutlich niedriger:

Grafik 6: Hilflos im Krankheitsfall

Anteil der Menschen ohne Anspruch auf Gesundheitsschutz (in %)

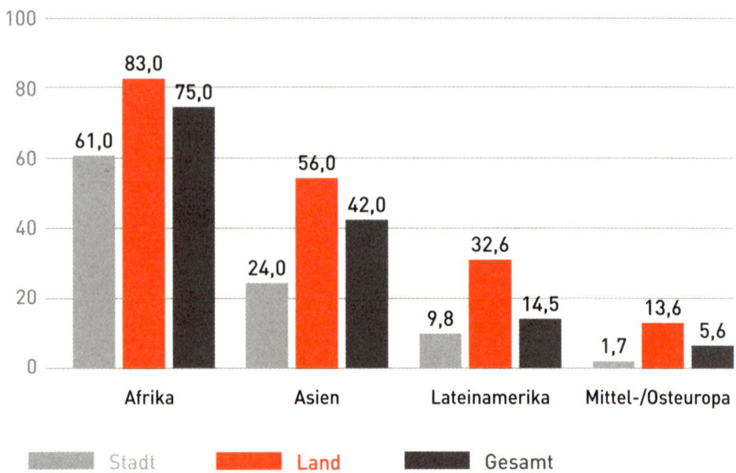

Quelle: World Social Protection Report 2017-2019, ILO

KAPITEL 2

Klimakrise, Bürgerkriege und Massenflucht

Die Klimakrise trifft Afrika besonders hart. Das verschärft bewaffnete Konflikte und löst akute Hungerkrisen aus, die immer mehr Menschen in die Flucht treiben – und ein großer Teil zieht gen Norden. Viele sterben auf dem Weg in ein besseres Leben.

Die globale Erwärmung führt in Afrika schon jetzt zu einer steigenden Zahl von Hitzeperioden und „Temperaturanomalien". Das wird auf dem ohnehin konfliktreichen Kontinent weitere Bürgerkriege und Migrationsbewegungen auslösen, wie die aktuelle Studie *Climate, Conflict and Forced Migration* der Wirtschaftsuniversität Wien, der Shanghai University und der University of East Anglia aufzeigt.

Die Experten verdeutlichen den Zusammenhang zwischen Dürreperioden und Kriegen am Beispiel Syrien. Dort habe eine lange Trockenheit zu Ernteausfällen geführt, die eine Flucht von Bauernfamilien in urbane Gebiete und damit eine Überbevölkerung der Städte auslösten. Das habe die ohnehin schweren gesellschaftlichen Spannungen in der Diktatur verschärft – und sei damit ein Treiber für die politischen Unruhen, den Bürgerkrieg und die folgende Massenflucht gen Europa gewesen, heißt es in der Studie, die 2019 veröffentlicht wurde. Ähnliches zeigen die Studienergebnisse „für die subsaharischen Länder Afrikas". In der Sahelzone etwa hat die zunehmende Trockenheit bereits Millionen in die Flucht getrieben. Vor allem die Menschen in der Region rund um den Tschadsee im Dreiländereck zwischen Nigeria, Tschad und Kamerun haben nicht nur unter den Gräueltaten von Terrorgruppen zu leiden. Auch führen Dürren und schlechte Ernten dazu, dass sie in Scharen ihre Heimat verlassen – in der verzweifelten Hoffnung auf ein besseres Leben. Die Klimakrise und bewaffnete Konflikte greifen also auf verheerende Weise ineinander.

Paradoxerweise könnte aber auch der Kampf gegen den Klimawandel die afrikanischen Länder aufgrund indirekter Effekte zunächst hart treffen. Denn Staaten wie Algerien, Nigeria und Sudan sind noch immer stark vom Öl abhängig. Wenn Nachfrage und Preis im Zuge des Umstiegs auf alternative Energiequellen mittelfristig sinken oder gar einbrechen, drohen erhebliche Probleme – und gewalttätige Konflikte. Einen Eindruck davon hat man bereits 2019 bekommen: Rückläufige Einnahmen aus dem Ölgeschäft waren wesentliche Auslöser für die Revolten, die Algerien und den Sudan erschütterten, weil sie die Unzufriedenheit erhöht haben. Nigeria will Vergleichbares mit einem „*Zero Oil Plan*" verhindern, durch den sich der Anteil der Staatseinnahmen, der nicht auf dem Ölgeschäft basiert, verfünffachen soll. So will die Regierung den Export von „strategischen Produkten" wie Kakao, Sojabohnen, Gummi und Leder ankurbeln, um die Abhängigkeit vom Öl zu verringern.

HUNGERSNÖTE DURCH BÜRGERKRIEGE UND ERNTEAUSFÄLLE

Aktuelle Statistiken untermauern, dass die Klimakrise ein entscheidender Faktor ist, der zur Verschärfung von akuten Hungersnöten beiträgt. „Klimaschocks" und Naturkatastrophen hätten 2018 rund 23 Millionen Menschen in 20 afrikanischen Ländern in akute Notlagen gestürzt, heißt es im *Global Report on Food Crises 2019* der Welternährungsorganisation. 2017 litten sogar fast 30 Millionen Menschen unter klimabedingten Ernteausfällen und Hungerkrisen:

Tabelle 3: Hungerkrisen wegen Klimaschocks

Zahl betroffener Menschen (Anteil an Gesamtbevölkerung)

	Zahl betroffener Menschen	Anteil an Gesamtbevölkerung
Äthiopien	8,5 Mio.	10 %
Malawi	5,1 Mio.	27 %
Zimbabwe	4,1 Mio.	42 %
Bangladesch	3,4 Mio.	31 %
Kenia	3,4 Mio.	25 %
Mosambik	3,1 Mio.	25 %
Pakistan	2,7 Mio.	50 %
Haiti	2,3 Mio.	31 %
Uganda	1,6 Mio.	5 %
Madagaskar	1,5 Mio.	51 %
Swaziland	0,4 Mio.	39 %
Lesotho	0,3 Mio.	24 %
Dschibuti	0,1 Mio.	46 %

Quelle: Global Report on Food Crises (2018), UN

Schon jetzt steht fest, dass es auch in den kommenden Jahren Millionen Afrikaner hart treffen wird: Expertenanalysen zeigen, dass Afrika am stärksten unter der Erderwärmung leiden wird. So liegen laut *Global Adaption Index* der Universität Notre Dame (USA) die fünf Länder mit dem niedrigsten Score, also der höchsten Anfälligkeit für Klimarisiken, allesamt in Afrika (siehe Tabelle 4). Weitere 27 Länder des Kontinents gehören ebenfalls zu der Gruppe der 40 Staaten mit hohen Klimarisiken. Insgesamt sind somit mehr als die Hälfte der 53 afrikanischen Länder stark gefährdet.

Tabelle 4: Verheerende Dürren

Die fünf Länder, die der Klimawandel am stärksten bedroht

Platz	Land	Score
177	DR Kongo	29,6
178	Zentralafrikanische Republik	27,5
179	Eritrea	26,2
180	Tschad	25,6
181	Somalia	20,2

Quelle: Global Adaption Index (2017), University of Notre Dame

Weitere Konflikte, die akute Hungerkrisen auslösen oder verschärfen, sind damit absehbar – insbesondere in der Sahelzone, die im Süden an die Sahara anschließt. Dort zeige sich, „dass die Erderwärmung auch zum Treibstoff von Kriegen wird", schrieb der *Spiegel* im Januar 2020. Die Region erwärme sich anderthalbmal so schnell wie die Welt im Durchschnitt. Zu viele Menschen sammelten sich „auf immer weniger fruchtbarem Land", was Konflikte verschärfe. So gilt der Darfurkrieg im Sudan als erster Klimakonflikt unserer Zeit – Dürren und ethnische Spannungen führten dort zu heftigen Auseinandersetzungen.

Doch auch in anderen Teilen der Region häufen sich Zusammenstöße. In Mali zum Beispiel sehen sich Nomaden immer öfter gezwungen, ihre Herden auf der Suche nach Weidegründen über Felder und Äcker zu treiben. Dagegen wehren sich die ortsansässigen Bauern zum Teil erbittert; es kommt immer wieder zu schwerer Gewalt. Auch Fischer streiten vielerorts heftig um ertragreiche Gefilde – etwa im Tschadsee, in dem sich aufgrund der klimabedingten Verlandung zunehmend Inseln bilden, die die Fischerei erschweren.

Wenn es hingegen regnet, fallen die Niederschläge oft heftiger aus als gewohnt. So begünstigte zuletzt starker Regen die Vermehrung von Wüstenheuschrecken in Ostafrika, die dort im

Frühjahr 2020 in riesigen Schwärmen über die Felder herfielen. Das verschlechterte die – vielerorts ohnehin schon angespannte – Versorgungssituation zusätzlich.

100 MILLIONEN KLIMAFLÜCHTLINGE?

Schon jetzt ergreifen Jahr für Jahr Millionen Afrikaner die Flucht vor Bürgerkriegen, Hungerkrisen und Armut. Und Experten gehen davon aus, dass die Zahl in den nächsten Jahren rasant steigt – und es womöglich nicht dabei bleibt, dass die meisten in die Nachbarländer flüchten. So warnte Bundesentwicklungshilfeminister Gerd Müller bereits 2017, dass bis zu 100 Millionen Afrikaner gen Norden aufbrechen könnten. „Wenn wir weitermachen wie bisher, haben die Menschen in vielen Teilen Afrikas gar keine andere Chance, als sich zu uns auf den Weg zu machen", sagte der CSU-Politiker.

Allerdings werden nicht nur jene die Flucht ergreifen, die keine andere Wahl haben: Auch zahlreiche Hoffnungs- und Leistungsträger dürften ihr Glück woanders suchen – zumal sie infolge von Globalisierung und Digitalisierung immer schneller und genauer erfahren, wie gut es uns Europäern geht. „Breitbandinternet und Smartphones haben die Welt komplett verändert", erklärte Weltbankchef Jim Yong Kim Ende 2018 im Interview mit dem *Handelsblatt*. „Spätestens ab 2025 wird jeder in jedem Winkel der Welt sehen können, wie die Menschen anderswo leben. Das hat zu messbar höheren Erwartungen der Menschen in armen Ländern geführt. Sie ertragen ihre Perspektivlosigkeit nicht länger, sondern machen sich auf den Weg."

Das Konzept „Festung Europa" steht damit vor einer Zerreißprobe: Wenn sich die EU abschotten will, wird sie hochgradig umstrittene Entscheidungen treffen müssen – auch und vor allem mit Blick auf die Menschenrechte. Der Widerspruch, dass wir Menschen abschrecken, aber zugleich unseren Werten treu bleiben wollen, wird immer offensichtlicher zutage treten.

Zum Kern der derzeitigen EU-Migrationspolitik gehören Abkommen mit Transitstaaten in Nordafrika. So hat die europäische Staatengemeinschaft Libyen insgesamt 46 Millionen Euro für seine Küstenwache zugesagt, die seit rund drei Jahren intensiver kontrolliert und Schleusern nachspürt. Nach übereinstimmenden Berichten von Menschenrechtsorganisationen und den Vereinten Nationen landen viele gestoppte Flüchtlinge jedoch in Gefängnissen oder Lagern von Milizen, in denen unmenschliche Verhältnisse herrschen – und bisweilen sogar gefoltert wird.

TAUSENDE ERTRINKEN IM MITTELMEER

Aus Sicht der EU erfüllen die strengeren Kontrollen jedoch ihren Zweck: Die Zahl der Flüchtlinge, die über die zentrale Mittelmeerroute via Libyen nach Italien oder Malta gelangt, ist nach Angaben der International Organization for Migration (IOM) der Vereinten Nationen deutlich gesunken – von 181.460 im Jahr 2016 auf rund 15.000 im Jahr 2019. Zwar weichen viele Afrikaner auf die „Westliche Mittelmeerroute" via Marokko aus, aber auch hier war die Zahl zuletzt wieder rückläufig. Nach mehr als 58.000 im Jahr 2018 verzeichneten die Behörden in Spanien 2019 laut IOM nur noch 25.731 Neuankömmlinge.

Viele schaffen es allerdings nicht ans rettende Ufer: Noch immer sterben Monat für Monat Hunderte Menschen im Mittelmeer, 2019 summierte sich die Zahl der bestätigten Toten und Vermissten laut IOM auf 1.283. Seit 2014 sind damit mindestens 19.164 Flüchtlinge im Mittelmeer ertrunken.

Grafik 7: Im Mittelmeer gestorben

Monat für Monat ertrinken Hunderte Flüchtlinge

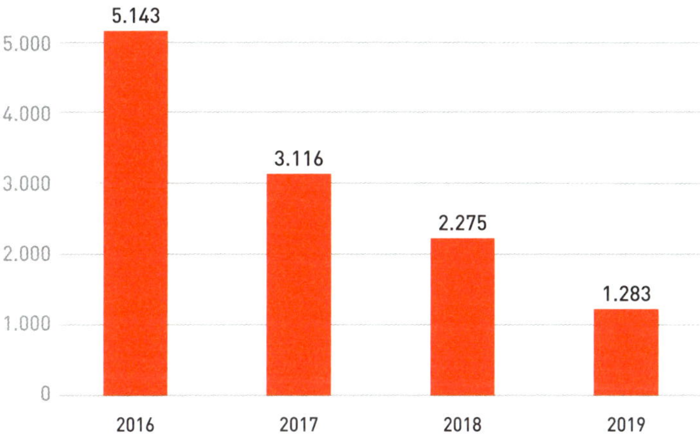

Quelle: Global Migration Analysis Center, IOM

In Wahrheit dürften es deutlich mehr sein. Immer wieder würden Schiffe mit Flüchtlingen spurlos verschwinden, berichtet die IOM – vor allem, seit Europa im Jahr 2017 seine Rettungsmissionen eingeschränkt habe. Die Experten fürchten, dass es viele der verschwundenen Boote nicht nach Europa geschafft haben, sondern mit sämtlichen Passagieren untergegangen sind.

Für diese Befürchtung spricht, dass die Quote der Menschen, die die Überfahrt nicht überleben, nach Einschätzung des Flüchtlingshilfswerks der Vereinten Nationen (UNHCR) deutlich gestiegen ist. Im Jahr 2017 sei einer von 36 Flüchtlingen gestorben, schätzen die Experten, 2018 sei es bereits einer von 14 gewesen. Wahrscheinlich liege das an der „Einschränkung von Such- und Rettungsmissionen". Die Debatte über die Seenotrettung durch private Initiativen zeigt schon jetzt, welche gesellschaftlichen Spannungen Abschottung und Abschreckung in Europa auslösen: Kritiker werfen den privaten Seenotrettern vor, zumindest indirekt das Geschäft der Schlepper zu unterstützen.

Dabei ist das Mittelmeer womöglich nicht die gefährlichste Todesfalle. Das UNHCR schätzt, dass „mindestens doppelt so viele Menschen auf dem Weg zum Mittelmeer sterben wie im Mittelmeer selbst". Die Zahl könnte nach Angaben von Vincent Cochetel, der als UNHCR-Sondergesandter für das Mittelmeer und Libyen fungiert, jedoch „auch viel höher sein". Wegen der auch hier hohen Dunkelziffer könne niemand Genaueres sagen, sagte er im November 2019 der *Welt am Sonntag*, sicher aber sei, dass sich eine Tragödie abspiele. Als Haupttransitland gilt Niger, das zu weiten Teilen aus Wüste besteht und im Norden an Algerien und Libyen angrenzt.

DIE FOLGEN DES BRAINDRAIN

Trotz vielfältiger Hürden schaffen es Tausende Flüchtlinge und Migranten aus Afrika bis nach Deutschland: Im vergangenen Jahr stellten laut Bundesamt für Migration und Flüchtlinge (BAMF) mehr als 9.000 Nigerianer hierzulande einen Erstantrag auf Asyl. Jeweils gut 3.500 Antragsteller kamen aus Somalia und Eritrea.

Tabelle 5: Woher kommen unsere Asylbewerber?
Erstanträge 2019

Herkunftsland	Zahl
Syrien	39.270
Irak	13.742
Türkei	10.784
Afghanistan	9.522
Nigeria	**9.070**
Iran	8.407
Ungeklärt	3.727
Somalia	**3.572**
Eritrea	**3.520**
Georgien	3.329

Quelle: Asylgeschäftsstatistik (2019), BAMF

Die Neuankömmlinge lassen sich grob in zwei Kategorie einteilen: Die Einen sind vor Bürgerkriegen, Hunger und bitterer Armut geflohen – also aus purer Not. Die Anderen hätten auch in ihrer Heimat überlebt, aber ihnen fehlte die Perspektive auf ein besseres Leben. Da bisweilen beide Motive ineinandergreifen, lassen sich beide Gruppen nicht eindeutig trennen, aber klar ist: Unter denen, die Afrika verlassen, sind zahlreiche hochqualifizierte Hoffnungs- und Leistungsträger. Das zeigt die 2018 veröffentlichten Studie *Migration and the Economy*, die Experten der US-Bank Citi mit dem Oxford-Professor Ian Goldin verfasst haben.

Grafik 8: Braindrain

Quote der Hochschulabsolventen, die auswandern (in Prozent)

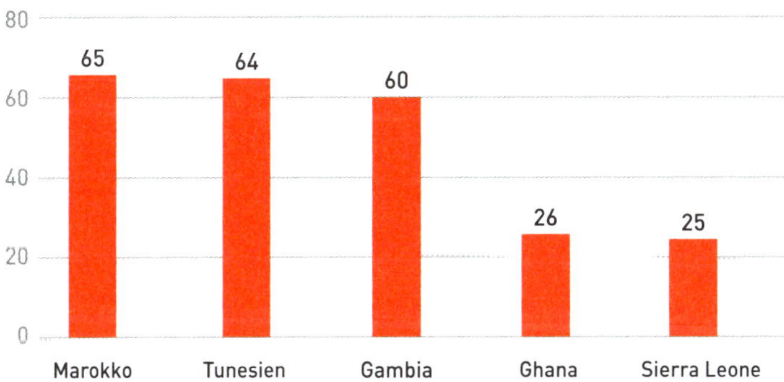

Quelle: Migration and the Economy (2018), Goldin u.a.

„Die Abwanderung hat erhebliche finanzielle und soziale Kosten für viele Entwicklungsländer", warnen die Autoren. Besonders negativ wirke sich der Braindrain in Subsahara-Afrika aus, wo der Anteil der Hochschulabsolventen im Durchschnitt ohnehin nur bei 4 Prozent liege. Bundestagspräsident Wolfgang Schäuble (CDU) hat deshalb 2018 in einem Interview mit dem *Handelsblatt* darauf hingewiesen, dass das Potenzial Afrikas nicht größer werde, wenn „die Tüchtigsten lieber nach Europa fliehen".

In der Tat spricht vieles dafür, dass insbesondere gut Ausgebildete ihre Heimat verlassen. Schließlich sehen sie dank der Digitalisierung und des World Wide Web nicht nur, was bei uns los ist: Sie haben dank ihrer Ausbildung auch die Möglichkeit, die Chancen zu nutzen, die sich ihnen anderswo bieten. Der genannten Studie zufolge erleiden Entwicklungsländer mit hohen Arbeitslosenraten den größten Braindrain. Das stütze die These, dass viele gut Ausgebildete ihre Heimat verlassen, weil sie dort sonst „unproduktiv wären", schreiben die Autoren. Flucht und Migration sind damit einerseits gewaltige Entwicklungshemmnisse für viele Länder, sie lassen sich aber andererseits nicht eindämmen, wenn dort keine neuen Arbeitsplätze entstehen.

Ein weiteres Entwicklungshemmnis sind ausgerechnet die sogenannten *Remittances:* Die „Tüchtigen" überweisen nach der Auswanderung oft einen Teil ihres Einkommens in die Heimat, um Daheimgebliebene zu unterstützen. Doch solche Heimüberweisungen „vermindern die Erwerbsbeteiligung und erhöhen den Anteil informeller Beschäftigungsverhältnisse", warnen vier Ökonomen des Internationalen Währungsfonds (IWF) in einer Analyse mit dem Titel *Are Remittances Good for Labor Markets*?

Das Hauptproblem sehen die IWF-Ökonomen darin, dass die Zahlungen Abhängigkeiten und Fehlanreize schaffen. Denn wer sich auf Transfers aus dem Ausland verlassen kann, neigt weniger dazu, andere Einkommensquellen zu erschließen – zum Beispiel durch den Aufbau eines Unternehmens oder durch Aus- oder Weiterbildungen. Das bremst die wirtschaftliche Entwicklung. So zeigt die IWF-Analyse, dass Heimüberweisungen einen dämpfenden Effekt auf die Durchschnittslöhne und das Produktivitätswachstum in Entwicklungsländern haben.

Das betrifft vor allem Subsahara-Afrika, wo Heimüberweisungen einen besonders großen Teil des Bruttoinlandsprodukts ausmachen und ein wichtiger Treiber der Migration sind. Am höchsten ist der Anteil laut einer Statistik der Weltbank in Liberia mit 27,1 Prozent, gefolgt von den Komoren mit 21 und Gambia mit 20,8 Prozent. In Nigeria machen die Remittances zwar „nur“ 5,6 Prozent des Bruttoinlandsproduktes aus, summierten sich aber zuletzt auf 22 Milliarden US-Dollar pro Jahr:

Grafik 9: Remittances nach Afrika

Heimüberweisungen nach Afrika im Jahr 2017 (in Mrd. Dollar)

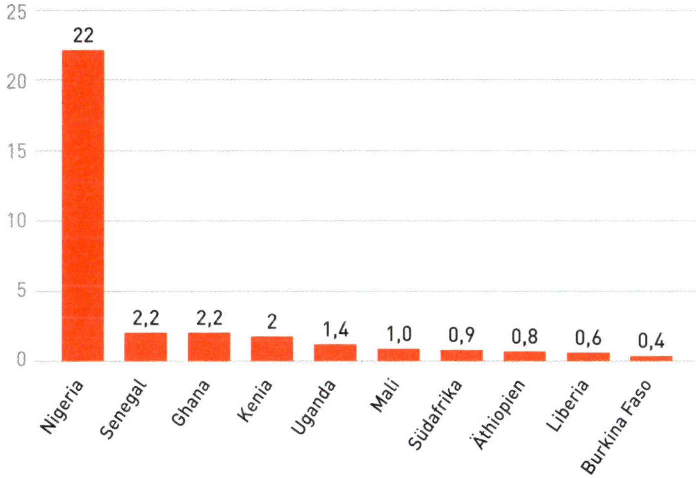

Quelle: Migration and Remittances: Recent Developments and Outlook (2018), Weltbank

Wer geglaubt haben sollte, dass die Fluchtbewegungen für die afrikanischen Länder tendenziell positiv sind, weil dadurch Arbeitslosenraten zurückgehen und zusätzliche Heimüberweisungen zu erwarten sind, muss also umdenken: Der Braindrain ist gefährlich und mindert die Chancen, Armut und Hunger zu besiegen. Der Entwicklungsökonom Raúl Delgado Wise, UNESCO-Koordinator für Migration und Entwicklung, hält die Migration deshalb in der Gesamtschau sogar für „eine Subventionierung des Nordens durch den Süden“. Der Norden profitiere von zahlreichen qualifizierten Zuwanderern, für deren Ausbildung das Ursprungsland bezahlt hat.

KAPITEL 3

Geburtenraten und Bevölkerungswachstum

Trotz Flucht und Auswanderung wächst die Bevölkerung in Afrika rasant: In 30 Jahren dürften auf dem Kontinent mehr als 2,5 Milliarden Menschen leben – und damit doppelt so viele wie heute. Die hohen Geburtenraten verschärfen den Kampf um knappe Ressourcen und sind eines der größten Hindernisse im Kampf gegen Armut und Hunger.

In Afrika leben derzeit bereits rund 1,3 Milliarden Menschen. Und die Zahl steigt trotz der großen Zahl von Flüchtlingen und Auswanderern rasant: Die afrikanische Bevölkerung wächst doppelt so schnell wie im Rest der Welt; im abgelaufenen Jahrzehnt lag die Wachstumsrate im Schnitt bei gut 2,5 Prozent pro Jahr. In 15 afrikanischen Ländern waren es laut einer Studie des Instituts der deutschen Wirtschaft (IW) sogar mehr als 3 Prozent. Spitzenreiter ist Äquatorialguinea mit 4,4 Prozent.

Die Vereinten Nationen gehen davon aus, dass im Jahr 2050 mehr als 2,5 Milliarden Menschen in Afrika leben. Zur Jahrhundertwende könnten es dann bereits 4,47 Milliarden sein – fast so viele wie in Asien und beinahe siebenmal so viele wie in Europa:

Tabelle 6: Ungebremstes Wachstum in Afrika
Prognose der Bevölkerungszahlen (in Milliarden)

	2018	2030	2050	2100
Welt	7,62	8,55	9,77	11,18
Afrika	**1,29**	**1,70**	**2,53**	**4,47**
Asien	4,55	4,95	5,26	4,78

	2018	2030	2050	2100
Europa	0,73	0,74	0,72	0,65
Südamerika	0,65	0,72	0,78	0,71
Nordamerika	0,36	0,40	0,44	0,50
Ozeanien	0,04	0,05	0,06	0,07

Quelle: World Population Prospects (2018), UN, eigene Recherche

Ein Blick auf die Geburtenraten verdeutlicht die Ursachen dieser Dynamik: Afrikanische Frauen bringen im Durchschnitt 4,7 Kinder auf die Welt, in Niger sind es sogar 7,2 (siehe Tabelle 7). Und das ändert sich nur langsam. Laut einer UN-Prognose dürfte die Marke von drei Kindern pro Frau in den Ländern südlich der Sahara erst im Jahr 2054 unterschritten werden. Besonders ausgeprägt ist die Tendenz zu Großfamilien auch im westlichen Afrika, wo die Geburtenraten in den vergangenen Jahrzehnten trotz intensiver Bemühungen im Unterschied zu Nordafrika nur leicht zurückgegangen sind.

Tabelle 7: Bis zu sieben Kinder pro Frau

Geburtenraten in afrikanischen Ländern (2017)

Land	
Niger	7,2
Somalia	6,2
DR Kongo	6,0
Mali	6,0
Tschad	5,8
Angola	5,6
Burundi	5,6
Uganda	5,5

Land	
Nigeria	5,5
Gambia	5,4
Burkina Faso	5,3
Mosambik	5,2
Tansania	5,0
Benin	4,9
Sambia	4,9
Elfenbeinküste	4,8

Quelle: Weltbank (https://data.worldbank.org, abgerufen 2018)

ARMUT UND UNSICHERHEIT TREIBEN GEBURTENRATEN HOCH

Die Gründe für die hohen Geburtenraten sind vielfältig. Vielerorts spielen großfamiliäre Traditionen, ein niedriges Bildungsniveau oder ein fehlender Zugang zu Verhütungsmethoden eine Rolle. Ein zentraler Faktor ist aber vor allem die prekäre wirtschaftliche Lage und die fehlende soziale Absicherung: In zahlreichen Regionen werden Kinder und Enkel als Mitverdiener gebraucht. Zudem sind sie oft die einzige Chance zur Altersvorsorge.

„Paradoxerweise neigen Menschen gerade in unsicheren Situationen dazu, sich große Familien zu wünschen", haben zwei Forscher der Stiftung Wissenschaft und Politik (SWP) schon 2014 in ihrer Studie *Bevölkerungswachstum, Fertilität und Kinderwunsch* festgestellt. Wachsender Wohlstand bringe dagegen meist „eine Präferenz für kleinere Familien mit sich". Die SWP-Experten weisen darauf hin, dass hohe Geburtenraten „erhebliche individuelle und gesellschaftliche Risiken" bergen – von einer niedrigen Erwerbsbeteiligung von Frauen über eine hohe Jugendarbeitslosigkeit bis hin zu erbitterten Kämpfen um knappe Ressourcen. So entstehen Negativspiralen: Armut und Unsicherheit treiben die Geburtenraten hoch, und diese wiederum verschärfen die Problematik auf gesamtgesellschaftlicher Ebene.

Das lässt sich auch am Beispiel Bildung veranschaulichen: Bittere Armut geht häufig nicht nur mit hohen Geburtenraten, sondern auch mit einem schlechten Zugang zu Bildung einher. Die geringe Bildung wiederum befeuert die Geburtenraten, was es immer schwerer macht, der Armut zu entkommen. Aus dieser Negativspirale auszubrechen, ist eine große Herausforderung.

Wie niedrig das Bildungsniveau auf dem Kontinent vielerorts ist, lässt sich an den Alphabetisierungsraten ablesen: Die fünf Länder mit den weltweit höchsten Quoten an Analphabeten liegen laut einer Erhebung der UNESCO allesamt in Afrika.

Tabelle 8: Wie viele Einwohner* können lesen und schreiben?
Die fünf Länder mit den niedrigsten Alphabetisierungsraten liegen in Afrika

Zum Vergleich: Deutschland	**› 99,9%**
Zentralafrikanische Republik	36,8%
Burkina Faso	36,0%
Südsudan	31,9%
Guinea	30,4%
Niger	19,1%

*ab 15 Jahre, ohne Menschen mit Lese-/Rechtsschreibschwäche;
Quelle: Weltbildungsbericht (2018), UNESCO

Ein weiterer Auswuchs der Armut ist die Kinderarbeit; laut einer Schätzung von UNICEF sind in Afrika 72 Millionen Kinder betroffen. Mehr als zwei Drittel davon arbeiten im Familienverbund, helfen also beispielsweise ihren Eltern bei der Ernte und kümmern sich um die Tiere. Der Rest schuftet für fremde Arbeitgeber – etwa auf Kakaoplantagen in Ghana und Elfenbeinküste, in Goldminen in Burkina Faso oder als Dienstboten in Privathaushalten.

Besonders beunruhigend: Subsahara-Afrika ist die einzige Region, in der keine Besserung in Sicht ist. Die Kinderarbeit scheine dort „in den letzten Jahren wieder zugenommen zu haben“, warnte das Kinderhilfswerk der Vereinten Nationen UNICEF im Juni 2019 anlässlich des Welttags gegen Kinderarbeit. Hauptgründe seien neben der schleppenden wirtschaftlichen Entwicklung Naturkatastrophen und Konflikte: „In Zeiten von Vertreibung und Not steigt die Gefahr, dass Kinder arbeiten müssen, anstatt zur Schule zu gehen.“

VERSCHÄRFTER KAMPF UM RESSOURCEN

Diese Entwicklungen illustrieren eindrucksvoll: Während es aus Sicht der einzelnen Familien verständlich sein mag, mehr Kinder zur Welt zu bringen, birgt die Entwicklung gravierende wirtschaftliche und gesellschaftliche Risiken. Gesellschaften mit hohen Geburtenraten widmeten Kindern „in der Regel einen relativ großen Anteil ihrer Ressourcen", schreibt das Berlin-Institut für Bevölkerung und Entwicklung, ein renommierter Think Tank. Eine dieser Ressourcen ist die Arbeitskraft der Mütter bzw. ganz allgemein die Fähigkeiten und das Erwerbspotenzial der weiblichen Bevölkerung. Zudem brauchen Kinder neben Nahrungsmitteln Schulen und Ausbildungsplätze, was arme Länder vor große Herausforderungen stellt und Verteilungskonflikte verschärfen kann.

Hohes Bevölkerungswachstum behindert deshalb nach Einschätzung zahlreicher Experten Fortschritte im Kampf gegen die Armut. So fürchtet das Institute for Security Studies, eine unabhängige Denkfabrik der EU, in seiner 2017 publizierten Studie *Fertility, Growth and the Future of aid in sub-Saharan Africa*, dass viele Länder wegen der hohen Geburtenraten auf absehbare Zeit „wahrscheinlich arm bleiben".

KAPITEL 4

Wirtschaft, Infrastruktur und Handel

Einige afrikanische Länder melden hohe Wachstumsraten. Doch vielerorts gilt: Da zugleich die Bevölkerung stark wächst, reichen die Zuwächse nicht annähernd, damit Menschen auf breiter Front der Armut entrinnen. Zu den größten Wachstumshemmnissen zählen die schlechte Infrastruktur, Korruption und unfaire Handelsverträge.

Afrika hat ein Problem mit dem Wirtschaftswachstum: Zwar legen die meisten afrikanischen Volkswirtschaften beständig zu, doch weil in vielen Ländern gleichzeitig die Bevölkerung stark wächst, stagniert vielerorts das Pro-Kopf-Einkommen. Die IW-Studie *Afrikas divergierende wirtschaftliche Potentiale* zeigte 2017, dass der jährliche durchschnittliche Zuwachs beim Pro-Kopf-Einkommen in der letzten Dekade zeitweise unter die Marke von 1 Prozent rutschte – und im besonders schwachen Jahr 2016 sogar geringer ausfiel als im Rest der Welt.

Zudem profitieren ausgerechnet die Armen in Afrika häufig nicht von hohen Wachstumsraten: Nur ein Drittel der Länder habe 2019 „inklusives Wachstum" erreicht, also sowohl den Anteil der Armen als auch die Ungleichheit reduziert, heißt es im *African Economic Outlook*, den die Experten der African Development Bank verfasst haben. Zu dieser Gruppe gehörten die Elfenbeinküste, Ruanda und Togo.

Auch die Weltbank hat 2019 in ihrer Studie *Accelerating Poverty Reduction in Africa* darauf hingewiesen, dass selbst hohe Wachstumsraten oft nicht bei den Ärmsten ankommen. Wenn sich der Trend der letzten Jahre fortsetze, so vermutet die

African Development Bank, werde die Zahl der „extrem Armen" bis 2030 gerade mal um 8 Millionen zurückgehen. Und selbst das dürfte schwierig werden. Die Corona-Krise hat auch Afrika hart getroffen – die Prognose im *African Economic Outlook*, wonach das Wirtschaftswachstum 2020 und 2021 Richtung 4 Prozent steigen sollte, ist damit schon wieder Makulatur.

DIE WIRTSCHAFT WÄCHST NUR WENIG STÄRKER ALS DIE BEVÖLKERUNG – AFRIKA KOMMT KAUM VORAN

Wenn aus dem Corona-Knick ein dauerhafter Einbruch wird, wäre das für Afrika verheerend. Denn der Kontinent blickt bereits auf eine mehrjährige Phase zurück, in der es nur quälend langsam aufwärts ging. Im Vergleich zum vorangegangenen Zehnjahreszeitraum sei die durchschnittliche Wachstumsrate ab 2014 von 5 auf 3 Prozent gesunken, schreibt die African Development Bank. Damit lag sie nur noch knapp über dem Bevölkerungswachstum. 2019 sei die afrikanische Wirtschaft zwar um 3,4 Prozent gewachsen, konstatieren die Experten im *African Economic Outlook*, das Wachstum sei damit aber schon vor Corona deutlich unter historischen Höchstwerten geblieben.

Zeitweise hat sich der Rückstand auf die anderen Kontinente in Sachen Wohlstand also nicht verkleinert, sondern sogar vergrößert – Afrika wurde relativ betrachtet noch ärmer. Zahlreiche afrikanische Länder, konstatierte das IW in seiner Studie *Afrikas divergierende Potenziale*, litten unter „einem sehr niedrigen Bruttoinlandsprodukt pro Kopf und schwach wachsender, teils sogar schrumpfender Wirtschaftsleistung". Die African Development Bank verweist in diesem Zusammenhang auch auf zahlreiche Wetter- und Klimaschocks; sie schätzt, dass damit ein Wachstumsrückgang von 2 Prozentpunkten einhergeht.

Auch wenn sieben der 15 Volkswirtschaften, die in den letzten fünf Jahren am stärksten gewachsen sind, in Afrika liegen (darunter Äthiopien, Elfenbeinküste und Senegal), kann von einer breit angelegten Aufholjagd also keine Rede sein.

Zusammengenommen haben Afrikas Volkswirtschaften zuletzt eine Wirtschaftsleistung von gerade mal rund 2,3 Billionen US-Dollar erreicht. Zum Vergleich: Deutschland kam auf umgerechnet rund 4 Billionen.

KORRUPTION UND SCHLECHTE INFRASTRUKTUR SCHRECKEN INVESTOREN AB

Zu den Ursachen für die verbreitete Wachstumsschwäche gehören neben Bürgerkriegen und Klimaschocks schlechte institutionelle Rahmenbedingungen für Unternehmer. So belegen afrikanische Länder auf dem *Korruptionswahrnehmungsindex* von Transparency International (TI), der die Situation in 180 Staaten vergleicht, elf der letzten 20 Plätze – darunter Angola, Guinea-Bissau, Eritrea, Sudan und der Tschad. Schlusslicht ist Somalia:

Tabelle 9: Das Problem der Korruption

Platz	Land	Platz	Land
161	Kambodscha	171	Nordkorea
161	Kongo	171	Äquatorialguinea
161	DR Kongo	171	Guinea-Bissau
161	Tadschikistan	171	Libyen
165	Tschad	175	Sudan
166	Eritrea	175	Jemen
167	Angola	177	Afghanistan
167	Turkmenistan	178	Syrien
169	Irak	179	Südsudan
169	Venezuela	180	Somalia

Quelle: Korruptionswahrnehmungsindex von 180 Ländern (2018), TI

Der *Korruptionswahrnehmungsindex* ist der weltweit bekannteste Indikator für diesen Bereich und fasst 13 Einzelindizes von zwölf unabhängigen Organisationen zusammen. Dazu gehören das

Country Policy and Institutional Assessment, für das die African Development Bank Group die Gesetze und Institutionen in 54 afrikanischen Ländern genau beobachtet und analysiert.

Zu den Kriterien gehören unter anderem die Transparenz bei der Vergabe von Staatsaufträgen, die Rechtssicherheit für Unternehmer sowie die Qualität der öffentlichen Verwaltung. Vielerorts gibt es in diesen Bereichen erhebliche Mängel, sodass Politiker ihren Angehörigen weiterhin Aufträge zuschanzen und Beamte üppige Schmiergelder verlangen können. Das ist Gift für unternehmerisches Engagement. Allerdings kommen zugleich etliche Länder im Kampf gegen die Korruption voran. Fortschritte attestiert die African Development Bank zum Beispiel Ruanda, Senegal und Äthiopien. Zudem eröffnet die Blockchain-Technologie neue, effektive Möglichkeiten zur Korruptionsprävention (siehe Seite 36). Ein weiteres zentrales Problem ist die Infrastruktur. So zeigte jüngst eine Umfrage des Forschungsinstituts Afrobarometer in mehr als 30 Ländern des Kontinents, dass ein Drittel der Afrikaner immer noch keinen Zugang zu einer stabilen Stromversorgung hat. Eine Analyse der Weltbank untermauert das Ergebnis: Demnach wird in Subsahara-Afrika (800 Millionen Einwohner) genauso viel Strom produziert wie in Spanien (45 Millionen).

Auch die Verkehrsinfrastruktur ist vielerorts mangelhaft. So lebt laut der Umfrage von Afrobarometer nur die Hälfte der Afrikaner in der Nähe asphaltierter Straßen. Auch das Schienennetz ist lückenhaft, und selbst bei der vergleichsweise guten digitalen Infrastruktur besteht erheblicher Investitionsbedarf. „Es wird geschätzt, dass eine zehnprozentige Steigerung der digitalen Abdeckung zu einer Steigerung von rund 1 Prozent des afrikanischen Bruttoinlandsprodukts führen würde“, heißt es laut *Spiegel* in einem aktuellen Papier der EU-Kommission zur Entwicklungspolitik auf dem Kontinent.

Doch obwohl die Infrastruktur zu den erklärten Prioritäten politischer Entscheider in Afrika gehört, investieren die meisten afrikanischen Länder zu wenig in Straßen, Bahnlinien, Stromtrassen, Wasserleitungen, digitale Netze und andere Projekte: Die African Development Bank schätzt, dass der Kontinent pro Jahr 130 bis 170 Milliarden Dollar in Infrastruktur investieren müsste. Damit bestehe eine Finanzierungslücke von 68 bis 108 Milliarden Dollar, hieß es jüngst in einer Analyse ihrer Experten. Davon entfielen 56 bis 66 Millionen Dollar auf Wasserver- und -entsorgung sowie jeweils rund 40 Milliarden auf das Energie- und das Verkehrsnetz. Für digitale Netze seien dagegen lediglich 4 bis 7 Milliarden Euro pro Jahr zusätzlich notwendig.

Mit Blick auf das Verkehrsnetz spezifiziert die African Development Bank, dass 80 Prozent des fehlenden Budgets zur Erhaltung bzw. Modernisierung bestehender Infrastruktur gebraucht würden. 20 Prozent müssten in neue Straßen, Schienen, Bahnhöfe und Flug- bzw. Seehäfen fließen. Die Experten weisen zudem darauf hin, dass Investitionen in die afrikanische Infrastruktur in den 1980er- und 1990er-Jahren zurückgegangen seien – zum Teil, weil die internationale Staatengemeinschaft im Zuge des Washington Consensus auf den Rückzug des Staates aus der Wirtschaft drängte (siehe These 2). Afrika sei deshalb weit zurückgefallen, obwohl der Kontinent 1960 auf einem ähnlichen Ausgangsniveau lag wie Asien und Lateinamerika. Noch immer verlaufe der Ausbau der Infrastruktur deutlich langsamer.

DER AUSSENHANDEL DÜMPELT VOR SICH HIN

Ein weiteres Wachstumshemmnis ist der schwache Export. So importiert Deutschland nach Angaben des Statistischen Bundesamts (Destatis) pro Jahr Waren im Wert von 22,5 Milliarden Euro aus Afrika. Zum Vergleich: Das Volumen der Importe aus Asien war zwanzigmal so hoch (siehe Grafik 10). Der Warenverkehr mit Afrika spielt für den deutschen Außenhandel also eine untergeordnete Rolle. Der Anteil am gesamten Handelsvolumen liegt laut Destatis zwischen 2 und 3 Prozent, obwohl in Afrika 17 Prozent der Weltbevölkerung leben.

Selbst bei ehemaligen Kolonialmächten sieht es nicht wesentlich anders aus: In Frankreich kommen nur 4,6 Prozent des Importvolumens aus Afrika, in Großbritannien sind es sogar nur 2 Prozent.

Grafik 10: Abgeschlagenes Afrika

Woher Deutschland Waren importiert (2018, Wert der Importe in Mrd. Euro)

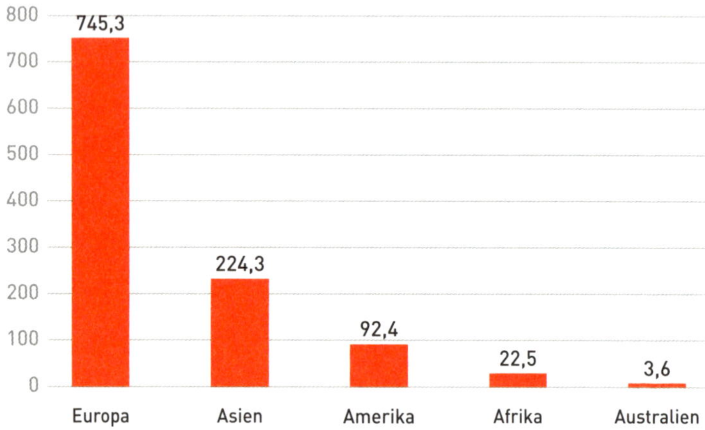

Quelle: Außenhandelsstatistik (2019), Destatis

Die Exportschwäche Afrikas hat verschiedene Gründe, zu denen auch umstrittene Handelsverträge gehören. So werden die afrikanischen Entwicklungsländer besonders hart von den protektionistischen Tendenzen getroffen, die seit der Wahl von Donald Trump zum Präsidenten die US-Politik prägen: Afrika sei „viel abhängiger vom Überseehandel als Europa, wo 63 Prozent des Handels in der Region stattfindet", warnte Dirk Kohnert vom Institute for African Affairs 2018 im *Review of African Political Economy*. In Afrika bietet der kontinentale Binnenhandel dagegen bislang wenig Chancen.

Die Trump-Regierung vertritt nicht nur gegenüber starken Handelspartnern wie China und der EU ihre „*America First*"-Politik, sie hat sich zuletzt auch gegenüber armen Ländern nicht gescheut, ihre wirtschaftlichen Interessen durchzusetzen. So hatten Kenia, Uganda, Tansania und Ruanda beschlossen, ab 2019 keine Importe gebrauchter Kleidung mehr zuzulassen, um ihre heimische Textilindustrie zu schützen. Die USA drohten daraufhin mit dem Entzug von Zollpräferenzen, woraufhin drei der vier Länder zurückruderten. Nur Ruanda blieb hart.

Das dürfte kein Einzelfall bleiben. Das Genfer Forschungszentrum South Center, das von 51 Entwicklungsländern getragen wird, warnte bereits 2018: Die neue US-Politik öffne Tür und Tor für willkürliche Handelsbeschränkungen, wenn afrikanische Länder ihre Industrien fördern. Das zeigt: Afrika leidet auch darunter, dass die Starken weitreichende Möglichkeiten haben, im internationalen Handel ihre Interessen durchzusetzen – und dies oft gnadenlos ausnutzen, etwa bei den Verhandlungen über bilaterale Verträge.

Die EU machte in dieser Beziehung allerdings lange Zeit keine Ausnahme. Brüssel hat die Entwicklungsländer einerseits gedrängt, ihre Märkte zu öffnen – und andererseits an hohen Agrarsubventionen für europäische Erzeuger festgehalten (siehe These 3). Das verschlechtert nicht nur die Exportchancen afrikanischer Landwirte, sondern führt sogar dazu, dass unsere hochsubventionierten Lebensmittel die Märkte des Nachbarkontinents überschwemmen.

Die Bundesregierung bezweifelt inzwischen, dass die weitreichende Handelsliberalisierung bei gleichzeitiger Wettbewerbsverzerrung durch EU-Subventionen im Sinne afrikanischer Partnerländer war. „Wir haben irgendwie ideologisch gesagt, Freihandel ist gut“, kritisierte der persönliche Afrikabeauftragte der Bundeskanzlerin, Günter Nooke (CDU), im vergangenen Jahr in einem Fernsehinterview. Und dann habe man versucht, das den Afrikanern vorzulegen und einzureden. Damit schwenkte Nooke zwar keineswegs auf die Linie jener Globalisierungskritiker ein, die Freihandel generell skeptisch sehen. Aber Nooke machte deutlich, dass wir Entwicklungsländern mehr Freiheit geben sollten, in bestimmten Fällen Handelsbeschränkungen einzuführen – etwa, um aufstrebende Branchen vorübergehend vor ausländischer Konkurrenz zu schützen.

KAPITEL 5

Investitionen, Seidenstraße und Schuldenberge

Trotz aller Herausforderungen birgt Afrika riesige Chancen. China hat das erkannt und investiert im Rahmen der Seidenstraßeninitiative dreistellige Milliardenbeträge, während die deutsche Wirtschaft zaudert. Doch das Engagement der Chinesen birgt erhebliche Risiken für die Entwicklungsländer.

Afrika ist ein Markt mit Milliarden Menschen, die ähnlich arm sind wie die Chinesen vor 30 Jahren. Der Nachholbedarf ist deshalb gewaltig, und einige Länder melden bereits seit Jahren hohe Wachstumsraten. Der Armuts- ist deshalb zugleich ein Chancenkontinent.

Doch diese Chancen sehen bislang nur wenige. Zwar stieg die Gesamtsumme der ausländischen Direktinvestitionen in Afrika laut *World Investment Report 2019* der Vereinten Nationen binnen Jahresfrist um knapp 11 Prozent auf 45,9 Milliarden US-Dollar. Von 2017 auf 2018 war sie allerdings um 21,5 Prozent zurückgegangen. Der Anteil Afrikas an den weltweiten Direktinvestitionen ist deshalb mit 3,5 Prozent weiterhin sehr niedrig.

Insbesondere die deutsche Wirtschaft hält sich zurück. Von den rund 300.000 exportorientierten deutschen Unternehmen investieren nach Angaben des Bundesministeriums für wirtschaftliche Zusammenarbeit und Entwicklung (BMZ) bislang nur etwa 1.000 in Afrika.

INFRASTRUKTURLÜCKEN: WARUM DER DEUTSCHE MITTELSTAND BEI INVESTITIONEN IN AFRIKA ZÖGERT

Das soll sich allerdings ändern: Die Bundesregierung will private Investoren ermutigen, sich verstärkt auf dem Kontinent zu engagieren. So hat das Wirtschaftsministerium 2018 die sogenannten Hermesbürgschaften für Investitionen in Äthiopien, Elfenbeinküste, Ghana, Ruanda und Senegal ausgeweitet – und dafür viel Lob von der Wirtschaft erhalten. Die Maßnahme führe zu einer „deutlich steigenden Investitions- und Handelstätigkeit mit unserem Nachbarkontinent", sagte Stefan Liebing, Vorsitzender des Afrika-Vereins der deutschen Wirtschaft.

Darüber hinaus kündigte Bundeskanzlerin Angela Merkel Ende 2018 auf dem deutsch-afrikanischen Investment Summit in Berlin weitere Fördermaßnahmen für Investitionen in Afrika an. Die Bundesregierung stellte danach in einem ersten Schritt 1 Milliarde Euro für einen Entwicklungsinvestitionsfonds bereit. Laut *Handelsblatt* fließen aus dem Fonds je 400 Millionen an deutsche und afrikanische Unternehmen, die über eine Tochtergesellschaft der Kreditanstalt für Wiederaufbau (KfW), die Deutsche Investitions- und Entwicklungsgesellschaft (DEG), ausgezahlt werden. Weitere 200 Millionen Euro sind für zusätzliche Investitionsgarantien und Währungsabsicherungen vorgesehen. Der Fonds, der 2019 gestartet ist, wird von einem „AfricaGrow-Fonds" der Staatsbank KfW flankiert, der afrikanische Start-ups finanzieren soll. Ob das deutsche Unternehmen auf breiter Front überzeugt, bleibt abzuwarten. Bislang kann von einem echten Aufbruch gen Afrika jedenfalls keine Rede sein. Zu groß ist vielen die Rechtsunsicherheit, zu groß die Angst vor korrupten Beamten. Das größte Hindernis dürfte allerdings die schlechte Infrastruktur sein: Unternehmer berichten einhellig, es fehle vielerorts an Straßen-, Schienen- und Kommunikationsnetzen, um florierende Niederlassungen aufzubauen.

CHINA IST LÄNGST DA – UND BAUT STRASSEN, HÄFEN UND MEHR

Chinesische Unternehmen haben da weniger Bedenken – vor allem, weil Peking die Expansion nach Afrika mit großer Entschlossenheit fordert und fördert. Laut *Handelsblatt* sind auf dem Kontinent schon heute rund 10.000 Firmen aus dem Reich der Mitte aktiv. Und wie das Handelsblatt Research Institute berechnet hat, summieren sich die chinesischen Direktinvestitionen in Subsahara-Afrika seit 2005 auf 306 Milliarden Dollar. Weitere 200 Milliarden Dollar flossen den Zahlen zufolge nach Nordafrika und Nahost.

China ist damit in Afrika nicht nur zum führenden Handelspartner, sondern auch zum dominanten Geldgeber aufgestiegen. Wie das Brookings Institute vor einigen Monaten unter Verweis auf den *Africa Attractiveness Report 2019* der Wirtschaftsprüfungs- und Beratungsgesellschaft EY berichtete, summierten sich die Direktinvestitionen aus China allein zwischen 2014 und 2018 auf mehr als 72 Milliarden Dollar. Zum Vergleich: Aus Frankreich und den USA flossen jeweils weniger als die Hälfte, aus Deutschland gerade mal ein Zehntel dieser Summe.

Die chinesische Investitionsoffensive in Afrika ist Teil der Belt and Road Initiative – einem gigantischen Infrastrukturprogramm, in dessen Rahmen China gemeinsam mit den jeweiligen Regierungen Projekte in mehr als 60 Ländern zwischen Ostasien und Europa vorantreibt. Neue Autobahnen, Bahnstrecken sowie See- und Flughäfen sollen den eurasisch-afrikanischen Handel stärken und zum Entstehen eines gemeinsamen Wirtschaftsraums beitragen.

1,3 BILLIONEN FÜR DIE NEUE SEIDENSTRASSE

Die beteiligen Länder repräsentieren mehr als 60 Prozent der Weltbevölkerung und rund ein Drittel der globalen Wirtschaft. In Deutschland ist in diesem Zusammenhang von einer „neuen Seidenstraße“ die Rede – in Anlehnung an das historische Netz von Handelsrouten, über die Seide aus Ostasien gen Europa transportiert wurde. Schätzungen zufolge wird China im Rahmen der Initiative bis 2027 rund 1,3 Billionen Dollar investieren (siehe These 1).

Afrika steht dabei zunehmend im Fokus. Staatspräsident Xi Jinping hat auf dem China-Afrika-Gipfel 2018 angekündigt, dass sein Land binnen drei Jahren weitere 60 Milliarden Dollar auf dem Kontinent investieren will. Zudem versicherte er den afrikanischen Regierungschefs, dass China ihr Partner sei: Man werde die Projekte stärker auf die Entwicklungsstrategien der jeweiligen Länder zuschneiden und „mehr Waren aus Afrika kaufen". Abschließend kündigte Jinping Soforthilfen für Krisenregionen und 50 neue landwirtschaftliche Hilfsprojekte an.

Besonders aktiv sind die Chinesen derzeit in Ostafrika. Beispiel Dschibuti: Das kleine, aber strategisch günstig gelegene Land am Golf von Aden soll zu einem Logistikzentrum an der afrikanischen Ostküste und einem Hauptumschlagplatz der neuen Seidenstraße werden. Dazu setzt China nicht nur auf größere Häfen, sondern auch auf deren bessere Anbindung ans Bahnnetz. So haben zwei staatliche chinesische Unternehmen bereits 2016 eine elektrifizierte Bahnstrecke zwischen Dschibuti und Addis Abeba in Äthiopien fertiggestellt. Das Reich der Mitte investiert in Dschibuti aber nicht nur kräftig, es hat dort auch seinen ersten Flottenstützpunkt außerhalb der eigenen Grenzen errichtet, um seine Position militärisch abzusichern. Auch in anderen Ländern hat China bereits zahlreiche Projekte angeschoben, darunter Kenia und Tansania:

Tabelle 10: Die neue Seidenstraße

Ausgewählte Belt and Road-Projekte in Afrika

Projekt	Land
Bahnstrecke Mombasa	Nairobi (Kenia)
Bahnstrecke Addis Abeba	Dschibuti (Äthiopien/Dschibuti)
Industriepark und Autobahn	(Dire Dawa, Äthiopien)
Wirtschaftszone und Hafen	(Bagamoyo, Tansania)
Wirtschaftszone Congo-Brazzaville	(Republik Kongo)

Kritiker beobachten das große chinesische Engagement in Afrika allerdings zunehmend skeptisch. So wird moniert, dass chinesische Unternehmen oft ihre eigenen Arbeiter mitbringen und kaum mit Anbietern vor Ort zusammenarbeiten. Das verhindere einen Know-how-Transfer nach Afrika.

Hinzu kommt: China ist inzwischen vielerorts der größte Gläubiger – zum Beispiel in Dschibuti, das Auslandsschulden in Höhe von 90 Prozent des Bruttoinlandsprodukts angehäuft hat. In Kenia machen die seit dem Jahr 2000 in China aufgenommenen Kredite, die sich auf 9,8 Milliarden Dollar summieren, laut IWF bereits 72 Prozent der bilateralen Schulden aus. Auch andere Länder haben sich Milliarden von chinesischen Gläubigern geliehen:

Grafik 11: Am Tropf Chinas?

Summe chinesischer Kredite von 2000 bis 2017 (in Mrd. Dollar)

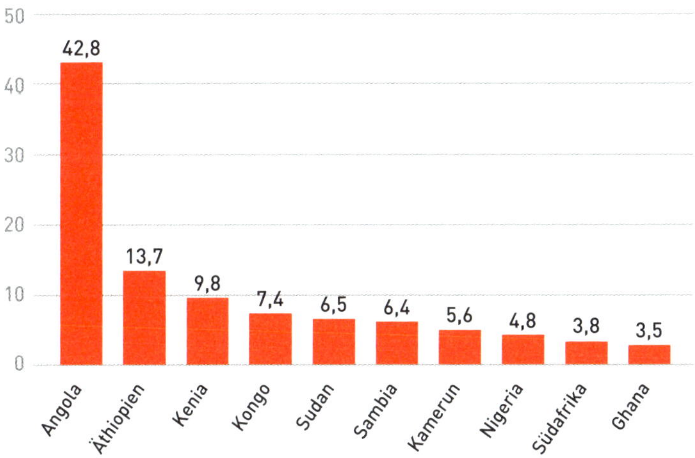

Quelle: Johns-Hopkins-University, Interactive Database (abgerufen 2019)

Insgesamt summiert sich das Volumen chinesischer Kredite an afrikanische Staaten demnach inzwischen auf fast 150 Milliarden Dollar. Das *Handelsblatt* berichtete in diesem Jahr über Schätzungen, wonach 17 bis 25 Prozent „aller öffentlichen Schulden Afrikas" auf den Gläubiger China entfallen. Von 2020 an stehen dem Bericht zufolge in vielen Fällen Rückforderungen an.

„CHINA FIRST": STAATEN IN DER SCHULDENFALLE

Der IWF hat deshalb jüngst vor hoher Kreditaufnahme in China gewarnt. Und das Institut für Weltwirtschaft (IfW) wies 2019 darauf hin, dass die Schulden der Entwicklungsländer bei China viel höher seien als angenommen. Außerdem enthielten Kreditverträge häufig nachteilige Regelungen.

Keine Frage: Das Engagement in Afrika ist Teil einer aggressiven, langfristig ausgelegten Industriepolitik, mit der Staatschef Xi Jinping ein klares Ziel verfolgt – China soll wieder die führende wirtschaftliche und politische Macht der Welt werden. Parallel zur neuen Seidenstraße hat er weitere Initiativen gigantischen Ausmaßes angeschoben, darunter Made in China 2025 und ein Förderprogramm für Künstliche Intelligenz. Hierbei will das Reich der Mitte in besonderem Maße den autokratischen Vorteil ausspielen und von den unzähligen Daten profitieren, die es über die eigenen Bürger sammelt.

Peking wolle „die Größe und Würde der chinesischen Zivilisation wiederherstellen und die Demütigung überwinden, die das Land nach seiner gewaltsamen Öffnung durch den Westen im Ersten Opiumkrieg von 1839 bis 1842 rund hundert Jahre erfahren musste", meint Theo Sommer, ehemaliger Chefredakteur der Zeit und Autor des Buches *China First. Die Welt auf dem Weg ins chinesische Jahrhundert.* Xi Jinping verfolge das Ziel, China „zur mächtigsten Militärmacht" zu machen, „zur größten und führenden Wissenschaftsmacht, zur Innovationsgroßmacht, zur Infrastruktur-Supermacht, zum Anführer im Kampf gegen den Klimawandel, zur Weltkulturmacht und zur Weltfußballmacht".

Zentrales Kriterium bei allen Entscheidungen ist deshalb, ob sie Chinas Weg an die Spitze ebnen – auch, was Infrastrukturinvestitionen und Kredite in Afrika angeht. Die Belange der vermeintlichen Partnerstaaten sind bestenfalls zweitrangig. Damit entsteht eine Abhängigkeit, die viele Afrikaner mit Sorge betrachten – viele stellen sich die Frage, ob China Länder mit Absicht in die Abhängigkeit lockt. Sogar von einer „Diplomatie der Schuldenfalle" ist die Rede.

Obwohl chinesische Regierungsvertreter gebetsmühlenartig ihre guten Absichten beteuern, gibt das entschlossene Vorgehen Pekings immer wieder Anlass zur Sorge. Wohin die Verschuldung bei der aufstrebenden Atommacht führen kann, hat sich jüngst in Sri Lanka gezeigt: Nachdem die dortige Regierung Kredite nicht zurückzahlen konnte, musste sie China große Teile eines Hafens sowie ein angrenzendes 60 Quadratkilometer großes Territorium für 99 Jahre überlassen.

AUCH RUSSLAND DRÄNGT NACH AFRIKA

China ist nicht die einzige Nation, die Afrika ins Visier nimmt: Auch Russland drängt seit einigen Jahren verstärkt auf den Zukunftskontinent. Vorläufiger Höhepunkt der Initiative war im Oktober 2019 der Russland-Afrika-Gipfel in Sotschi, an dem rund 40 Staats- und Regierungschefs teilnahmen.

Wichtigstes strategisches Ziel des Kremls dürfte sein, Rohstoffe und Energieressourcen zu erschließen. So wurden zuletzt Aktivitäten beim Abbau von Coltan, Kobalt, Aluminium, Gold und Diamanten ausgeweitet. Eine zentrale Rolle spielen dabei vielfach staatliche russische Unternehmen.

TEIL II

DIE THESEN

THESE 1

Afrika und Europa sind eine Schicksalsgemeinschaft mit gewaltigem Potenzial

Der Aufstieg Afrikas liegt in unserem eigenen Interesse: Wir können eine Massenflucht gen Norden verhindern und haben zugleich die Chance, einen florierenden gemeinsamen Markt und den größten Wirtschaftsraum der Welt zu schaffen. Mit gemeinsamen Werten, für gemeinsamen Wohlstand – und gegen die *„America First"*-bzw. *„China First"*-Strategien.

MÜSSEN WIR NEUE MAUERN BAUEN?

Die Flüchtlingskrise 2015/2016 hat eindrucksvoll gezeigt, welche erbitterten gesellschaftlichen Debatten drohen, wenn Menschen aus armen Ländern in Scharen gen Europa aufbrechen. Rechtspopulisten erhielten überall auf dem Kontinent regen Zulauf, und in Deutschland gaben Bund und Länder jährlich zweistellige Milliardenbeträge aus – vor allem für die Unterbringung sowie für Sozial- und Integrationsleistungen.

In der Folge haben die europäischen Regierungen alles darangesetzt, die Zahl der Flüchtlinge zu begrenzen, die es zu uns schaffen – zum Beispiel durch Abkommen mit der Türkei und Transitstaaten in Nordafrika, die nun strenger kontrollieren. Das führt jedoch dazu, dass zahlreiche Menschen in Flüchtlingslagern landen (oder in libyschen Gefängnissen, in denen laut Menschenrechtsorganisationen vielfach gefoltert wird). Zudem sterben zahlreiche Flüchtlinge auf dem gefährlichen Weg durch die Wüste oder übers Mittelmeer (siehe Kapitel 3). Das Konzept „Festung Europa" hat also schon heute kaum erträgliche Folgen.

Wenn infolge der Klimakrise künftig deutlich mehr Menschen gen Norden aufbrechen, steht unserem Kontinent eine beispiellose Zerreißprobe bevor. Denn eine ungehinderte Zuwanderung nach Europa würde Populisten weiteren Auftrieb bescheren, während eine noch stärkere Abschottung schwere Menschenrechtsverletzungen mit sich brächte. Ob wir dieser Herausforderung gewachsen wären, darf bezweifelt werden.

Fehlende Perspektiven, schlechte Versorgung

› **Massenmigration**

› **Populismus**

› **Mauerbau (auch in Europa?)**

› **Menschenrechte durchhaltbar?**

› **Internationale Konflikte**

Für uns ist deshalb klar: Nur, wenn es den Menschen in Afrika besser geht, kann es auch uns Europäern auf Dauer gut gehen. Nur, wenn wir Armut und Hunger in Afrika besiegen, können wir europäische Werte leben und das europäische Gesellschaftsmodell bewahren.

Manfred Weber, damals Spitzenkandidat der EVP für die Europawahl, hat das am Politischen Aschermittwoch 2019 eindrucksvoll auf den Punkt gebracht: „Heute steht Syrien im Mittelpunkt, morgen geht es um Afrika“, rief er dem Publikum in Passau zu. Wenn in Afrika Chaos herrsche, so seine Botschaft, werde es auch Europa bald schlechter gehen.

WARUM WIR CHINA NICHT DAS FELD ÜBERLASSEN DÜRFEN

Zugleich braucht Europa angesichts der zunehmenden protektionistischen Tendenzen und des verschärften geopolitischen Systemwettbewerbs neue Partnerschaften: Gemeinsam mit Afrika können wir einen florierenden Wirtschaftsraum und den größten Markt der Welt aufbauen. Damit würden wir „*America First*"- bzw. „*China First*"-Strategien ins Leere laufen lassen und das *European Economic Model*, das auf Gegenseitigkeit basiert, nach Süden exportieren.

Doch noch haben die Großmächte die Nase vorn – allen voran China mit seiner Seidenstraßeninitiative: Während Europa kleckert, klotzt das Reich der Mitte, auch dank einer ausgeklügelten Finanzarchitektur. Die Mittel für die Infrastrukturinvestitionen werden hauptsächlich über den chinesischen „Seidenstraßen-Fonds" und die Asian Infrastructure Investment Bank (AIIB) mit Sitz in Peking aufgebracht; laut einer Prognose von Morgan Stanley dürfte sich das Investitionsvolumen bis 2027 auf satte 1,3 Billionen Dollar belaufen.

Damit sichern sich die Chinesen nicht nur den Zugriff auf wichtige strategische Ressourcen wie Kobalt, Coltan oder Lithium: Zugleich hat das Land in Fernost gute Chancen, seinen Einflussbereich bis vor Europas Haustür auszudehnen und an vorderster Front vom Aufstieg Afrikas zu profitieren – zum Beispiel in Form aufstrebender neuer Absatzmärkte und Aufträgen für heimische Unternehmen.

Entgegen eines weit verbreiteten Vorurteils investiert das Reich der Mitte nicht nur dort, wo Bodenschätze locken. So hat China bereits bis 2017 rund 12 Milliarden Dollar für Bahnlinien, Straßen und Fabriken im vergleichsweise rohstoffarmen Äthiopien ausgegeben. Das war laut einer in diesem Jahr veröffentlichten Studie der Johns-Hopkins-Universität in Washington „mehr als doppelt so viel, wie China in den ölreichen Sudan oder den mineralreichen Kongo investiert hat".

„Peking baut eine alternative Weltordnung", kommentierte *WirtschaftsWoche*-Chefredakteur Beat Balzli 2018 – und warnte anlässlich des gerade zu Ende gegangenen China-Afrika-Gipfels eindringlich: „Europa droht im Poker um die globale Führungsrolle alles zu verlieren." Während Nationen wie Deutschland immer noch kleckerten, „klotzt China längst", so Balzli. Peking kaufe „faktisch einen ganzen Kontinent". Der Westen verliere derweil an Einfluss. „Selbst die USA und die alte Kolonialmacht Frankreich sind auf der Liste der wichtigsten Handelspartner hinter China gerutscht."

Da passe es ins Bild, schrieb Balzli weiter, dass Bundeskanzlerin Angela Merkel im Senegal von einer Staatskapelle mit dem Schlager *Ja, mir san mit'm Radl da* empfangen wurde. Deutschland kommt mit dem Fahrrad, China mit dem großen Geld – besser ließen sich die derzeitigen „geopolitischen Relationen" nicht auf den Punkt bringen, so Balzli. Die Verantwortlichen müssten deshalb jetzt „massiv gegensteuern".

SYSTEMWETTBEWERB: EUROPA VS. USA VS. CHINA

Welche Risiken die chinesische Expansion birgt, hat man in Afrika bereits feststellen müssen. Dass eine Reihe afrikanischer Länder durch hohe Schulden in eine gefährliche Abhängigkeit geraten sind, entspricht vermutlich dem in Peking entwickelten Konzept. Wir fürchten, dass China die Situation ausnutzen wird, um eigene geopolitische Interessen durchzusetzen.

Aber auch für europäische Unternehmen sowie allgemein für unser Wirtschafts- und Gesellschaftsmodell stellt Chinas Expansion in Afrika eine erhebliche Gefahr dar. Schließlich stecken wir mitten in einem Wettbewerb der Systeme, der mit zunehmend harten Bandagen ausgefochten wird. Die Frage lautet deshalb: Wird die europäische Soziale Marktwirtschaft, der US-Digitalkapitalismus oder der Staatskapitalismus chinesischer Prägung die Welt dominieren?

Das zwingt uns, umzudenken und neue Wege zu beschreiten. Schon die Wahl von Donald Trump zum US-Präsidenten hat Europa – und insbesondere der Exportnation Deutschland – schmerzhaft vor Augen geführt, dass auf traditionelle (Handels-) Partner nicht mehr unbedingt Verlass ist: Trump will das Importvolumen im Rahmen seiner „*America First*"-Strategie erheblich reduzieren. Insbesondere der hohe deutsche Exportüberschuss ist ihm ein Dorn im Auge. „*The Germans are bad*", sagte er laut *Spiegel* bereits 2017 während eines Treffens mit der EU-Spitze – und beschwerte sich unter anderem über die „Millionen von Autos", die deutsche Hersteller in den USA verkaufen: „Fürchterlich. Wir werden das stoppen." Weniger später ließ er mit ersten Strafzöllen Taten folgen.

Das zeigt, dass die *First*-Strategien erhebliche Gefahren für die europäische und deutsche Wirtschaft bergen. Und es drohen keineswegs nur Exportrückgänge, sondern beispielsweise auch der Verlust von Marktanteilen an mächtige IT-Konzerne, die von geballter wirtschafts- und steuerpolitischer Unterstützung in der Heimat profitieren.

Zudem steht zu befürchten, dass europäische Unternehmen im Kampf um Rohstoffe ins Hintertreffen geraten, weil sie in Afrika nicht an hochsubventionierten chinesischen Firmen vorbeikommen. Das könnte ausgerechnet zukunftsträchtige Branchen treffen und sogar die Verkehrswende erschweren. Denn viele der Grundstoffe für Batterien von Elektroautos stammen aus Afrika.

RIESIGE CHANCEN FÜR DIE DEUTSCHE WIRTSCHAFT

Europa muss deshalb selbstbewusster und entschlossener auftreten – und neben seiner Verantwortung auch die sich bietenden Chancen erkennen. Schließlich ist der Nachholbedarf in Afrika gewaltig: Dort werde in den kommenden zehn Jahren „so viel gebaut wie in Europa in den letzten 100 Jahren", sagt Bundesentwicklungshilfeminister Gerd Müller. Damit birgt der Kontinent für europäische Unternehmen riesige Entwicklungsmöglichkeiten, zumal einige Länder schon jetzt rasante Fortschritte machen.

Zu den Lichtblicken gehört das einstige Armenhaus Äthiopien: Der Regierungschef Abiy Ahmed treibt Reformen voran, hat Frieden mit Eritrea geschlossen und Rebellen dazu gebracht, ihre Waffen abzugeben. Für diese mutigen Schritte ist er nicht nur mit dem Friedensnobelpreis ausgezeichnet worden, sie haben vor allem die Grundlage für einen bemerkenswerten Aufschwung gelegt. Die Wirtschaft seines Landes wuchs in den vergangenen Jahren jeweils um mehr als 7 Prozent, teilweise sogar zweistellig. Der Münchener Alt-Oberbürgermeister Christian Ude (SPD), der den Stiftungsrat von Menschen für Menschen. Karlheinz Böhms Äthiopienhilfe leitet, sprach 2019 sogar von einem „Märchen".

Einige politische Entscheidungsträger haben erkannt, dass Europa den Großmächten in Afrika nicht das Feld überlassen darf. Aber jetzt müssen Taten folgen. Und eine wichtige Maßnahme im Wettbewerb mit dem US-Digital- und dem chinesischen Staatskapitalismus muss sein, Verbündete zu suchen, die unsere Werte teilen – und neue Partnerschaften auf Augenhöhe aufzubauen, insbesondere in Afrika. Dadurch können wir

- die Abhängigkeit von launisch-aggressiven Großmächten reduzieren,
- neue Absatzmärkte erschließen und einen florierenden Wirtschaftsraum aufbauen,
- den Zugang zu wichtigen Rohstoffen sichern, und nicht zuletzt
- das europäische Modell stärken, um globale Standards auf Basis der Sozialen Marktwirtschaft zu gestalten und dadurch faire Rahmenbedingungen für unsere Unternehmen zu sichern.

Zu den Treibern positiver Entwicklungen gehören neben politischen Reformen und technologischen Errungenschaften bessere Konzepte für die Entwicklungshilfe. Der „Marshallplan mit Afrika" von Bundesentwicklungshilfeminister Gerd Müller und insbesondere die Reformpartnerschaften weisen hier den Weg, indem sie Unterstützung an Reformen knüpfen (siehe „Teil III – die Agenda). Denn sie tragen dazu bei, dass sich die Rahmenbedingungen für Unternehmen schrittweise verbessern. Damit wächst auch das Interesse ausländischer Investoren, in Afrika Jobs zu schaffen und Arbeitskräfte auszubilden.

Wir begrüßen deshalb, dass auch die EU seit Frühjahr 2019 über eine Strategie gegen das Großmachtstreben Chinas diskutiert. In diesem Zusammenhang macht Hoffnung, dass die neue Kommission bereits mehrfach die herausgehobene Bedeutung Afrikas betont hat. So war es ein wichtiges und richtiges Signal, dass Ursula von der Leyen ihre erste Auslandsreise als EU-Kommissionspräsidentin nach Afrika unternahm, wo sie eine engere Zusammenarbeit beschwor. Damit zeigte die CDU-Politikerin zugleich, dass sie auf einer Linie mit dem französischen Präsidenten liegt: Emmanuel Macron hatte bereits 2019 im Rahmen seines flammenden Appells für eine starke EU gefordert, dass wir uns Afrika zuwenden und mit dem Kontinent „einen Pakt für die Zukunft" schmieden. Es gelte, das „gemeinsame Schicksal" anzuerkennen, so Macron.

Damit sind bereits Ansätze eines Paradigmenwechsels in der europäischen Afrikapolitik erkennbar. Bislang ist das allerdings vor allem Rhetorik, während die Chinesen kräftig investieren. Wenn wir es ernst meinen, müssen wir der chinesischen Seidenstraßeninitiative deshalb etwas Substanzielles entgegensetzen. Eine Steilvorlage, die wir in diesem Zusammenhang nutzen können: Unter den afrikanischen Regierungen wächst derzeit die Skepsis gegenüber China – weil auf breiter Front die Erkenntnis reift, dass Entwicklungsländer der „*America First*"- bzw. „*China First*"-Politik alleine wenig entgegenzusetzen haben.

Wenn wir uns wirklich abheben und echte Partnerschaften etablieren wollen, dürfen wir den Kontinent aber nicht länger als Almosenempfänger betrachten, sondern als Region mit riesigem Potenzial: Afrika hat das Zeug, einen ähnlichen Aufstieg hinzulegen wie China in den letzten 30 Jahren. Und wir Europäer können dazu entscheidende Impulse geben – im wohlverstandenen Eigeninteresse.

THESE 2

Der ungeregelte Kapitalismus hat in Afrika auf ganzer Linie versagt

Die Staatengemeinschaft hat Afrika über Jahrzehnte gedrängt, auf freie und weitgehend unregulierte Märkte zu setzen. Doch anders als von den Anhängern der *Trickle Down*-Theorie prophezeit, haben Arme nicht vom Wachstum profitiert. Das hat die Ungleichheit verschärft – und damit zugleich Konflikte befeuert, die Fortschritte wieder zunichte machten.

Ginge es nach der klassischen ökonomischen Theorie, müsste Afrika im Kampf gegen Armut und Hunger schon deutlich weiter sein. Denn nachdem im Anschluss an die Kolonialzeit zunächst zahlreiche Staaten mit sozialistischen Systemen experimentiert hatten, drehte sich der Wind bereits in den 1980er-Jahren: Immer mehr Regierungen setzten auf den freien Markt.

Im Jahr 1990 stimmten schließlich 40 afrikanische Länder dem Washington Consensus zu – einem Plan des IWF, der vorsah, die Volkswirtschaften im Sinne marktwirtschaftlicher Prinzipien umzustrukturieren. Im Fokus der damaligen Wirtschaftspolitik standen daher Deregulierung, Privatisierung, Subventionsabbau und eine liberalere Handelspolitik. Damit verbanden der IWF und die afrikanischen Regierungen die Hoffnung, nicht nur das Wachstum anzukurbeln, sondern auch die Armut in signifikantem Maße zu reduzieren – und mit ihr die eklatante Ungleichheit bei Einkommen und Vermögen.

Anders ausgedrückt: Die Marktwirtschaft sollte den Menschen den Aufstieg ermöglichen und für das Entstehen einer Mittelschicht sorgen. Nach „Reichtum für wenige“ in der Kolonialzeit und „Armut für viele“ im Sozialismus sollte es endlich Richtung „Wohlstand für alle“ gehen, ganz im Sinne liberaler Vordenker.

Doch das hat nicht funktioniert; der Washington Consensus ist in Afrika krachend gescheitert. Die Weltbank hat dies 2019 mit ihrem Report *Accelerating Poverty Reduction in Africa* nochmals eindrucksvoll bestätigt: Das Wachstum sei nicht bei den Armen angekommen, konstatierten die Experten.

STIGLITZ VS. WASHINGTON CONSENSUS

Die Gründe dafür hat der renommierte US-Ökonom und Träger des Wirtschaftsnobelpreises Joseph Stiglitz in seinem Buch *Die Chancen der Globalisierung* auf den Punkt gebracht: Der Washington Consensus habe auf Annahmen wie einem vollständigen Wettbewerb basiert. Derlei sei in Entwicklungsländern aber „weit von der Wirklichkeit entfernt und daher kaum relevant“.

Deshalb habe der Rückzug des Staates keineswegs automatisch dazu geführt, dass private Unternehmen in die Bresche sprangen, wie es die IWF-Granden erhofft hatten. Als Beispiel nannte der frühere Chefökonom der Weltbank öffentliche Vermarktungsgesellschaften für landwirtschaftliche Produkte in Westafrika: Nach deren Abschaffung seien einige wenige wohlhabende Bauern, die über Transportmittel verfügten, zu lokalen Monopolisten aufgestiegen. Zugleich habe sich die Situation für die übrigen Bauern rapide verschlechtert.

Zudem, so Stiglitz, seien die Verfechter des Washington Consensus voreilig davon ausgegangen, dass Wirtschaftswachstum automatisch allen Bevölkerungsschichten zugutekommt. Sie hätten angenommen, dass vom zunehmenden Wohlstand der wirtschaftlich Erfolgreichen durch deren steigende Konsumausgaben und Investitionsbereitschaft auch die Armen profitierten (*Trickle-Down*-Theorie). Gerade in Entwicklungsländern habe das Wachstum jedoch die soziale Ungleichheit verschärft, was zu politischer Instabilität führte und Konflikte verschärfte. Anfängliche Fortschritte wurden damit auf breiter Front wieder zunichte gemacht.

GEFÄHRLICHER ABSTAND ZWISCHEN SCHLECHTVERDIENERN UND PRIVILEGIERTEN

In der Tat ist die Kluft zwischen Arm und Reich in Afrika enorm. So ist Subsahara-Afrika nach Angaben der Vereinten Nationen „die Region mit der weltweit höchsten Ungleichheit". Der *Inequality Adjusted Human Development Index* (IHDI), den die Vereinten Nationen jedes Jahr in Form einer Rangliste veröffentlichen, untermauert diesen Befund.

Der IHDI misst nicht nur Bildungsniveau, Gesundheit und Wohlstand, sondern auch, ob weite Teile der Bevölkerung oder nur kleine Gruppen von Fortschritten profitieren. Auf der aktuellen Rangliste liegen viele afrikanische Staaten abgeschlagen auf den hinteren Rängen, besonders hoch ist die Ungleichheit in Sierra Leone, Niger, Tschad, dem Südsudan und in der Zentralafrikanischen Republik. Selbst vergleichsweise stabile Länder wie Gabun und Mosambik weisen hohe Diskrepanzen aus:

Tabelle 11: Ungleichheit bremst Entwicklung

Die letzten 20 Plätze des Inequality Adjusted Human Development Index

Platz	Land	Platz	Land
132	Benin	142	Burkina Faso
133	DR Kongo	143	Mali
134	Elfenbeinküste	144	Burundi
135	Jemen	145	Guinea-Bissau
136	Dschibuti	146	Komoren
136	Guinea	147	Sierra Leone
138	Haiti	148	Niger
139	Liberia	149	Tschad
140	Mosambik	150	Südsudan
141	Gambia	151	Zentralafr. Rep.

Quelle: IHDI (2019), UN

Ein Blick auf die Vermögensverteilung bestätigt die Problematik. Laut aktuellem *Global Wealth Databook* der Crédit Suisse verfügen in 20 afrikanischen Staaten maximal ein Prozent der Bevölkerung über umgerechnet mehr als 10.000 Dollar. Besonders niedrig sind die Quoten in Malawi (0,1 Prozent), auf den Komoren (0,2 Prozent) sowie in Madagaskar, Guinea-Bissau, Burundi und Äthiopien (je 0,3 Prozent). Zum Vergleich: In Deutschland sind es fast 67 Prozent.

Auch bei den Löhnen sind die Diskrepanzen gewaltig, wie der sogenannte Gini-Koeffizient „Arbeitslöhne" zeigt: Zahlreiche afrikanische Länder weisen weit überdurchschnittliche Werte auf. Je höher der Wert ist, desto weiter liegen die Löhne von Schlechtverdienern und Privilegierten auseinander:

Grafik 12: Arme Länder, große Unterschiede

Gini-Koeffizient „Arbeitslöhne"

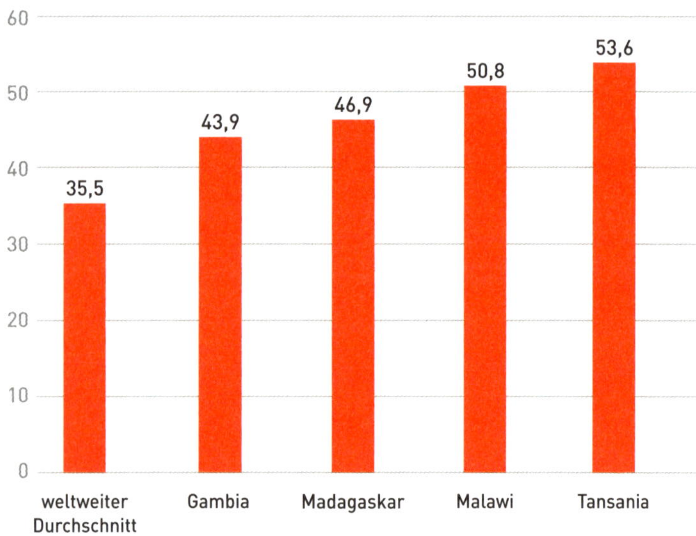

(basierend auf Daten von OECD, Statistischen Landesämtern u.a.)

Die Zahlen belegen aus unserer Sicht eindrucksvoll: Der freie Markt alleine wird es nicht richten – und die bisherigen Spielregeln in Afrika, um Marktkräfte zu kanalisieren, reichen für den Sieg gegen die Armut nicht annähernd aus. Vielmehr gilt es, endgültig mit dem Washington Consensus zu brechen – und Soziale Marktwirtschaften mit handlungsfähigen staatlichen Institutionen zu etablieren.

THESE 3

Weder „freier“ noch „fairer“ Handel können die Armut besiegen

Während Europa die Entwicklungsländer zum Abbau von Handelshemmnissen drängt, nehmen wir es selbst nicht so genau mit der Liberalisierung. Insbesondere die hohen EU-Agrarsubventionen verschlechtern die Exportchancen afrikanischer Anbieter. Wir müssen deshalb die Interessen der Armen ins Zentrum unserer Handelspolitik rücken – zumal Fair-Trade-Initiativen oft nur ein Tropfen auf den heißen Stein sind.

Der Nobelpreisträger Joseph Stiglitz und sein Co-Autor Andrew Charlton haben das globale Freihandelssystem bereits 2006 in ihrem Buch *Fair Trade – Agenda für einen gerechten Welthandel* scharf kritisiert. Die Liberalisierung der vorangegangenen Jahrzehnte habe gerade afrikanischen Ländern wenig gebracht. Insbesondere für die Armen habe sie zum Teil sogar negative Folgen gehabt, konstatierten sie. Denn Entwicklungsländer hätten vielerorts unter der engeren Anbindung an den Weltmarkt gelitten und zum Teil „Liberalisierungsschocks“ erlebt, weil effizientere Anbieter aus dem Ausland einheimischen Unternehmen plötzlich Marktanteile abknöpften – auch auf dem Agrarsektor.

Darüber hinaus, so die Autoren, schirmten die Industriestaaten ihre heimischen Märkte durch indirekte Handelshemmnisse ab. Es spreche sogar vieles dafür, dass diese Beschränkungen die Entwicklungsländer wesentlich mehr kosten, als sie von den Industrieländern an Entwicklungshilfe erhielten. Daher gelte es, indirekte Handelshemmnisse abzubauen und den Entwicklungsländern zu helfen, die „Anpassungskosten" der Handelsliberalisierung zu reduzieren.

Geschehen ist seither jedoch wenig. Obwohl die Industrieländer immer wieder vollmundig ein faires Welthandelssystem versprachen, folgten allenfalls vereinzelt Taten. Und die wurden dann oft durch andere Maßnahmen konterkariert.

AGRARSUBVENTIONEN BLEIBEN AUF HOHEM NIVEAU

So gewährte die EU im Rahmen des *Everything but arms*-Programms bereits vor 20 Jahren 34 armen afrikanischen Ländern einen weitgehend freien Zugang zum Binnenmarkt:

Tabelle 12: Wer „alles außer Waffen" in die EU liefern darf

Afrikanische Länder, die vom *Everything but arms*-Programm profitieren

	Land		Land		Land
1	Angola	13	Komoren	25	Senegal
2	Äquatorialguinea	14	Lesotho	26	Sierra Leone
3	Äthiopien	15	Liberia	27	Somalia
4	Benin	16	Madagaskar	28	Südsudan
5	Burkina Faso	17	Malawi	29	Sudan
6	Burundi	18	Mali	30	Tansania
7	Dschibuti	19	Mauretanien	31	Togo
8	DR Kongo	20	Mosambik	32	Tschad
9	Eritrea	21	Niger	33	Uganda
10	Gambia	22	Ruanda	34	Zentralafr. Rep.
11	Guinea	23	Sambia		
12	Guinea-Bissau	24	Sao Tomé		

Quelle: EU-Kommission (2019)

Während die EU einerseits ihren Binnenmarkt öffnete, hielt sie jedoch andererseits hartnäckig an üppigen Agrarsubventionen für europäische Erzeuger fest. Diese Wettbewerbsverzerrung senkt die Exportchancen vieler Landwirte in Afrika dramatisch – und führt sogar dazu, dass hochsubventionierte europäische Lebensmittel die Märkte des Kontinents überschwemmen.

Trotz gebetsmühlenartiger Appelle der afrikanischen Regierung wird sich daran voraussichtlich wenig ändern. So hat die EU-Kommission Pläne vorgelegt, wonach sie zwischen 2021 und 2027 satte 365 Milliarden Euro an Agrarfördergeldern ausschütten will (davon rund 41 Milliarden nach Deutschland) – größtenteils in Form von Direktzahlungen an die Bauern. Und bis zum Redaktionsschluss dieses Buches sah es nicht danach aus, als gäbe es grundlegende Widerstände gegen diese Pläne der Kommission. Lediglich eine wohldosierte Umschichtung der Gelder zugunsten kleinerer Familienbetriebe schien wahrscheinlich.

Bisweilen kommen zu den Brüsseler Zahlungen für den Agrarsektor noch nationale Sonderförderungen dazu. So beschloss die Große Koalition Anfang 2020, Bauern 1 Milliarde für Investitionen zur Verfügung zu stellen. Bereits nach dem Hitzesommer 2018 hatten Bund und Länder Dürrehilfen im Volumen von 340 Millionen Euro zusammengekratzt. Zahlreiche Experten kritisierten dies, unter anderem der Präsident des Verbandes Die Familienunternehmer, Reinhold von Eben-Worlée. „Die Einheit von Risiko und Haftung ist eines der Grundprinzipien der Sozialen Marktwirtschaft“, sagte er. Für die Landwirtschaft scheine dies aber nicht zu gelten. „Nicht die Landwirte tragen das Risiko, sondern die Steuerzahler.“

Wir sind überzeugt: Der Widerstand gegen eine spürbare Senkung der Agrarsubventionen erschwert echte Fortschritte bei der Armutsbekämpfung – und ist zudem kurzsichtig. Denn wenn es gelingt, Afrika nach vorne zu bringen und Löhne und Kaufkraft zu erhöhen, ist das auch für europäische Erzeuger positiv. Zugespitzt formuliert: Wenn die Löhne in Afrika steigen, brauchen wir ohnehin keine Agrarsubventionen mehr.

WIE FREIHANDELSABKOMMEN AFRIKAS BAUERN SCHADEN

Obwohl Industriestaaten es also selbst nicht so genau nehmen mit freien Märkten, drängen sie zum Teil immer noch auf eine weitreichende Liberalisierung in afrikanischen Entwicklungsländern. So hat die EU in den vergangenen Jahren mehrere *Economic Partnership Agreements* (EPA) abgeschlossen, zum Beispiel mit der Westafrikanischen Wirtschaftsgemeinschaft (ECOWAS) und der Entwicklungsgemeinschaft des südlichen Afrika (SADC), zu denen sich die Staaten der jeweiligen Region zusammengeschlossen haben.

Zwar verweist das Bundeswirtschaftsministerium darauf, dass die afrikanischen Staaten durch die EPA „100 Prozent freien Zugang zum europäischen Markt erhalten", während sie ihre Märkte im Gegenzug „nur für durchschnittlich 80 Prozent der Zolllinien bzw. des Handelsvolumens" öffnen müssten. Die restlichen 20 Prozent – oft vor allem Agrarprodukte – blieben „dauerhaft vor europäischen Importen geschützt".

Gerade vor dem Hintergrund der unverändert hohen EU-Agrarsubventionen ist diese Quote aber zu niedrig. Im Interesse ihrer Landwirte und Agrarunternehmer sollte afrikanischen Ländern unserer Meinung nach zugestanden werden, in größerem Umfang Importzölle zu verhängen. So leiden Bauern in Ghana erheblich darunter, dass italienische Produzenten subventionierte Tomaten in das westafrikanische Land exportieren. Auch die Bundesregierung bezweifelt inzwischen, dass die genannten Abkommen alle im Sinne afrikanischer Partnerländer waren (siehe Kapitel 4).

HANDELSPOLITIK: ARMUTSMINIMIERUNG STATT HANDELSMAXIMIERUNG!

Unterm Strich muss man konstatieren: Seit dem *Everything but Arms*-Abkommen im Jahr 2001 hat die EU in der Handelspolitik zu oft kurzfristige eigene Interessen durchgesetzt. Notwendig ist daher ein Paradigmenwechsel. Oberstes politisches Ziel sollte in

Zukunft nicht mehr Handelsmaximierung, sondern Armutsminimierung sein. Konkret heißt das: Die EU sollte ihre Agrarsubventionen senken und zugleich jenen Entwicklungsländern freien Zugang zum Binnenmarkt und vertiefte Handelspartnerschaften anbieten, die entschlossen gegen Armut kämpfen und Sozialreformen vorantreiben (siehe Agenda).

EXKURS: FAIR TRADE UND WERTSCHÖPFUNG

Wir sollten uns nicht darauf verlassen, dass die zahlreichen Fair-Trade-Initiativen ausreichen, um echte Fortschritte zu erzielen. Denn zum einen entfalten sie häufig keine ausreichende Durchschlagskraft: Für „fair" gehandelte Lebensmittel wie Kaffee, Kakao oder Mangos zahlen Verbraucher in den Industriestaaten zwar etwas mehr, aber ein Großteil des Gesamtpreises geht meist trotzdem an Zwischenhändler, Veredler, Nahrungsmittelkonzerne und Supermarktbetreiber im Norden – und nicht an Landwirte in Afrika. Die höheren Preise, die sie für Fair Trade-Produkte erhalten, sind deshalb oft ein Tropfen auf den heißen Stein. Zum anderen profitieren die Ärmsten dem senegalesischen Ökonom Ndongo Samba Sylla zufolge ohnehin nicht von dem Prinzip. Denn sie hätten Probleme, sich zu Kooperativen zusammenzuschließen und ihre Produkte zertifizieren zu lassen, „weil das zu teuer ist".

Im Rahmen von Fair Trade würden zudem vor allem „unverarbeitete Produkte" verkauft, kritisiert Ndongo Samba Sylla. Ihm sei aber „kein einziges Beispiel bekannt, bei dem ein Land sich durch den Verkauf von rohen Landwirtschaftsprodukten hat entwickeln können". Daher ist es dringend notwendig, dass ein größerer Teil der Wertschöpfung in Entwicklungsländern stattfindet. Das ist zwar zuletzt öfter, aber immer noch zu selten der Fall. Wir warnen deshalb vor zu großem Vertrauen in Fair-Trade-Ansätze. Das Konzept der Freiwilligkeit wird nicht annähernd ausreichen, um effektive Standards für wahrhaft fairen Handel zu etablieren.

Und was ist mit gesetzlichen Verpflichtungen? Georgios Zervas und Peter Spiegel schlagen in ihrem Buch *Die 1-Dollar-Revolution: Globaler Mindestlohn gegen Ausbeutung und Armut* eine EU-Verordnung vor, die hohe Standards definiert. Um die Zulassung für den Binnenmarkt zu erhalten, sollten Hersteller „ihre Produkte auf ökosoziale Standards zertifizieren lassen" müssen – inklusive Mindestlohn.

Ein Nachteil dieses Ansatzes ist, dass eine solche Zertifizierung für viele Kleinbauern und mittelständische Unternehmer in Afrika ebenso wie die Fair-Trade-Zertifikate zu aufwändig und zu teuer wäre. Über strenge EU-Vorgaben afrikanische Anbieter in die Pflicht zu nehmen, erscheint uns deshalb isoliert betrachtet nicht optimal; schlimmstenfalls könnten strenge Standards für Produkte und deren Hersteller dazu beitragen, dass die Marktmacht großer Anbieter wächst. Wir brauchen deshalb weitergehende Konzepte und Ideen.

THESE 4

Afrika braucht die Soziale Marktwirtschaft

Wer die Armut besiegen will, muss auf die Soziale Marktwirtschaft bzw. das *European Economic Model* setzen. Davon sind die Länder Afrikas weit entfernt, fast nirgends existieren robuste soziale Sicherungssysteme oder faire Mindestlöhne. Das führt zu einem fundamentalen Marktversagen: Viele Arbeiter haben keine Alternative zu unwürdiger Arbeit. Das muss sich ändern.

Der wirtschaftspolitische Reformbedarf in Afrika ist hoch. Ein wirkungsvoller, politisch gesetzter Rahmen, um Marktkräfte zu kanalisieren und maßvoll zu korrigieren, existiert in vielen Ländern nicht. Auch dort, wo kein Bürgerkrieg herrscht, mangelt es häufig an durchsetzungsstarken Instanzen, die Unternehmern Rechtssicherheit garantieren.

Zu den größten Problemen in diesem Zusammenhang gehört die Korruption. Denn wo ständig jemand die Hand aufhält, seien es Beamte, Politiker oder Herrschercliquen, kann sich weder ein fairer Wettbewerb noch eine schlagkräftige mittelständische Wirtschaft entwickeln.

Das Problem des fehlenden Ordnungsrahmens (*Ordo*) im Sinne des Ordoliberalismus ist lange bekannt – und es wird mit wachsender Entschlossenheit angegangen. So sehen der Marshallplan mit Afrika von Bundesentwicklungshilfeminister Gerd Müller (CSU) und insbesondere die Reformpartnerschaften vor, afrikanische Staaten beim Aufbau stabiler staatlicher Strukturen und im Kampf gegen die Korruption zu unterstützen.

DAS MARKTVERSAGEN BEI UNGELERNTEN ARBEITSKRÄFTEN

Doch selbst wenn es afrikanischen Staaten gelingt, stabile Strukturen und eine Marktwirtschaft ordoliberaler Prägung zu etablieren, wird das im Kampf gegen die Armut nicht reichen. Denn Standards bzw. Spielregeln, die fairen Wettbewerb sicherstellen, fördern zwar Investitionen und Wachstum. Die höheren Wachstumsraten kommen aber nicht automatisch den Armen zugute, wie das Scheitern des Washington Consensus, dessen Verfechter die „Trickle-Down"-Theorie vertraten, eindrucksvoll gezeigt hat. Damit ist klar: Bei der Armutsbekämpfung versagen in der Regel auch Märkte, die allein ordoliberal reguliert sind. Und in Afrika ist diese Gefahr besonders hoch. Denn dort sehen sich ungelernte Arbeitskräfte mit großer Konkurrenz konfrontiert: Im Zweifel können sie durch Zweitverdiener, ältere Mitbürger und vielerorts auch Kinder ersetzt werden. Das führt zu einem Überangebot an Arbeitskräften, durch das kein fairer Preis für die Arbeitsleistung entsteht. In vielen Ländern in der Region erhalten Arbeiter umgerechnet gerade mal 1 Euro pro Tag. Das ist zum Sterben zu viel – und zum Leben zu wenig.

Das Überangebot an Arbeitskräften betrifft insbesondere die Landwirtschaft, in der die meisten Menschen in Afrika beschäftigt sind: Laut einer Analyse des Wissenschaftlichen Dienstes des Europaparlaments aus dem Jahr 2016 sind 60 Prozent der Arbeitsplätze in Subsahara-Afrika „mit der Landwirtschaft verbunden". Wegen der verbreiteten Abwanderung in die Metropolen herrscht allerdings auch in den Städten vielerorts ein Überangebot, ohne dass sich die Lage für Arbeitskräfte auf dem Land deshalb entspannt.

MANGELNDE SOZIALE SICHERUNG FÜHRT ZU MACHTLOSIGKEIT UND MANCHESTER-KAPITALISMUS

Wir erleben deshalb sozusagen einen ruinösen Wettbewerb um Arbeitsplätze, der in einen Teufelskreis führt: Die vermeintlichen Ernährer verdienen zu wenig, um ihre Familien versorgen zu können, weshalb vielfach auch Kinder und Familienangehörige im Rentenalter mithelfen müssen. Das wiederum erhöht das Arbeitskräfteangebot – und damit den Druck auf die Löhne.

Welche Folgen das hat, lässt sich an einer Statistik der International Labour Organization ablesen: Laut *Global Wage Report 2018/2019* ist der durchschnittliche Reallohn in Afrika 2017 binnen eines Jahres um drei Prozent gesunken (siehe Grafik 13) – vor allem wegen starker Rückgänge in den bevölkerungsreichen Ländern Ägypten und Nigeria, die hohe Inflationsraten meldeten. Der Rückgang der Reallöhne ist aber zugleich Ausdruck des Überangebots an Arbeitskräften: Unternehmen müssen inflationsbedingte Einbußen nicht durch Erhöhungen der Nominallöhne ausgleichen.

Selbst wenn man die beiden Staaten herausrechnete, wären die Reallöhne auf dem Kontinent lediglich um 1,3 Prozent gestiegen. Zum Vergleich: Im weltweiten Durchschnitt waren es 1,8 Prozent. Ägypten und Nigeria waren zudem nicht die einzigen Länder, die starke Lohneinbrüche verzeichneten; die Entwicklungen dort wirken sich nur besonders stark auf den gesamtafrikanischen Durchschnitt aus. Besonders schlecht sah es in den vergangenen Jahren auch in Tansania, Angola, Burundi, Uganda und Kenia aus: Hier sind die Reallöhne seit 2008 deutlich zurückgegangen, im Schnitt zwischen 9,5 und 1,6 Prozent pro Jahr.

Grafik 13: Höhere Löhne? Von wegen

Veränderung der Reallöhne in Afrika (in Prozent)

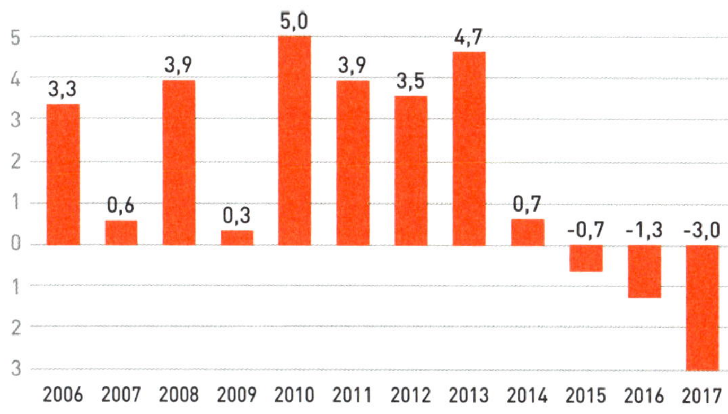

Quelle: Global Wage Report 2018/2019 (2019), ILO

Die Zahlen illustrieren eindrucksvoll, wie machtlos afrikanische Arbeiterinnen und Arbeiter sind. Die Volkswirtschaften sind deshalb weit von einer Sozialen Marktwirtschaft entfernt und erinnern vielfach an den „Manchester-Kapitalismus", der bis ins 20. Jahrhundert hinein nicht nur Großbritannien prägte, sondern auch andere europäische Staaten.

Während wir in Europa die einst verbreitete Ausbeutung weitgehend überwunden haben und Kinderarbeit in der EU nicht mehr existiert, zählen diese Phänomene in etlichen afrikanischen Staaten noch zum Alltag – sei es auf westafrikanischen Kakaoplantagen oder in den Rohstoffminen des Kongo. Millionen Afrikaner müssen katastrophale Arbeitsbedingungen und eine miserable Bezahlung in Kauf nehmen, damit sie und ihre Familien überleben.

Aber wie lässt sich das ändern? Wie können die Verantwortlichen den Teufelskreis durchbrechen und den Betroffenen endlich faire Löhne sowie ein würdevolles Leben ermöglichen?

LUDWIG ERHARD UND DIE SOZIALE MARKTWIRTSCHAFT

Um Armut und Hunger zu besiegen, ist neben dem *Ordo* ein weiterer Faktor erforderlich: eine aktive Sozialpolitik, mit der der Staat das Marktversagen bei den Armen korrigiert. Denn solange es in Afrika kein soziales Netz gibt, werden weiterhin Millionen Menschen gezwungen sein, ihre Arbeitskraft für Dumpinglöhne anzubieten. Im Klartext heißt das: Afrika braucht die Soziale Marktwirtschaft. Wir sind überzeugt, dass das möglich und auch aus Sicht der Unternehmer wünschenswert ist. Denn sie ist die einzige Wirtschaftsordnung, die „Wohlstand für alle" schaffen kann (statt „Armut für alle" wie im Sozialismus oder „Reichtum für wenige" wie im ungezügelten Kapitalismus).

Den Begriff „Soziale Marktwirtschaft" hat Alfred Müller-Armack geprägt, der als hochrangiger Beamter für Bundeswirtschaftsminister Ludwig Erhardt (CDU) arbeitete – den Vater des deutschen „Wirtschaftswunders". Müller-Armack sah in dem

Konzept eine „dritte Form“ zwischen reiner Marktwirtschaft und staatlicher Wirtschaftslenkung. Es gehe darum, propagierte der Ökonom, „das Prinzip der Freiheit auf dem Markt mit dem des sozialen Ausgleichs zu verbinden“. Der Staat soll sich demnach nicht darauf beschränken, einen *Ordo* zu etablieren, sondern auch Konjunktur- und Sozialpolitik betreiben. Zentrale Elemente des Konzepts sind die Sozialpartnerschaft (etwa über die betriebliche Mitbestimmung), Transferleistungen für Bedürftige sowie eine leistungsstarke Sozialversicherung.

Zusammengenommen haben diese Faktoren in Deutschland entscheidend dazu beigetragen, dass breite Bevölkerungsschichten vom Wirtschaftswunder profitierten. In der Folge hat das Konzept über Deutschlands Grenzen hinaus Anhänger gefunden, vor allem in Europa. So postuliert die EU im Lissaboner Vertrag aus dem Jahr 2007 eine „wettbewerbsfähige Soziale Marktwirtschaft“. Frankreichs Präsident Macron hat 2019 sogar vorgeschlagen, die Soziale Marktwirtschaft zu stärken: „In Europa, wo die Sozialversicherung erfunden wurde, muss für alle Arbeitnehmerinnen und Arbeitnehmer, von Ost nach West und von Nord nach Süd, eine soziale Grundsicherung eingeführt werden, die ihnen gleiche Bezahlung am gleichen Arbeitsplatz und einen an jedes Land angepassten und jedes Jahr gemeinsam neu verhandelten europaweiten Mindestlohn gewährleistet.“

Das zeigt: Die Soziale Marktwirtschaft ist für die EU identitätsbildend. Wir sollten deshalb auf internationaler Ebene vom *European Economic Model* sprechen. Der häufig verwendete Begriff „*Rhine Capitalism*“ (rheinischer Kapitalismus) ist längst überholt, weil er sich auf die Rheinanliegerstaaten bezieht.

EXKURS: JOHN NASH UND DIE FAMILIENUNTERNEHMER

Viele Familienunternehmer stehen in ganz besonderem Maße für die Philosophie der Sozialen Marktwirtschaft. Denn anders als Anhänger der Shareholder-Value-Doktrin und Finanzinvestoren, die möglichst schnell Gewinne maximieren wollen und oft vor allem aufs nächste Quartal schauen, denken sie in Generationen – und haben deshalb ein feines Gespür dafür, wie wichtig das Gemeinwohl und der soziale Frieden für den Standort und damit für das langfristige Wohl ihres Unternehmens sind.

Für sie ist *the Business of Business not Only Business* – verantwortungsvolles, nachhaltiges Unternehmertum gehört zu ihrer DNA. Welchen Anreiz zum langfristigen Denken haben dagegen angestellte Manager börsennotierter Konzerne, deren Verträge in wenigen Jahren auslaufen?

Es ist im Übrigen auch spieltheoretisch untermauert, dass persönliche (wirtschaftliche) Interessen und das Gemeinwohl Hand in Hand gehen – und zwar durch keinen Geringeren als den 2015 verstorbenen Mathematiker und Träger des Wirtschaftsnobelpreises John Nash.

Womöglich erinnern Sie sich an den oscarprämierten Film *A Beautiful Mind* mit Russell Crowe, der Nashs Leben nachzeichnet: In einer Szene sitzt der junge Mathematikstudent mit Kommilitonen in einer Bar, als eine Gruppe Mädchen hereinkommt. Eine erscheint den jungen Männern besonders attraktiv, und einer von ihnen schlägt vor, dass jeder auf eigene Faust sein Glück versuchen soll („Jeder kämpft für sich, Gentlemen!").
Als Kronzeugen zitiert er den Urvater der modernen Ökonomie, Adam Smith: „Im Wettbewerb kommt der individuelle Ehrgeiz dem Gemeinwohl zugute." Nash hält nach kurzem Nachdenken dagegen: Wenn sich alle um ein Mädchen scharen, argumentiert er, „blockieren wir uns gegenseitig – und keiner von uns bekommt sie".

Außerdem, so warnt Nash, verspiele man auf diese Weise auch die Chancen bei den anderen Mädchen, weil niemand gerne zweite Wahl sei. Er schlägt deshalb vor, von Anfang an mit den anderen Mädchen zu flirten. „Dann kommen wir uns nicht in die Quere – und beleidigen nicht die anderen Mädchen. Nur so werden wir gewinnen." Daraus schlussfolgert Nash, dass Adam Smiths Leitsatz „unvollständig" ist und revidiert werden muss: Das beste Resultat erziele man, „wenn jeder in der Gruppe das tut, was für ihn selbst am besten ist – und für die Gruppe".

Anders formuliert: Maximaler Egoismus führt nicht zum optimalen Ergebnis. Es gilt vielmehr, auch im Wettbewerb das Gemeinwohl im Auge zu haben.

Ein weiterer Träger des Wirtschaftsnobelpreises sah das völlig anders: Der Monetarist Milton Friedman vertrat die Auffassung, dass Unternehmer sich darauf konzentrieren sollen, Gewinne zu erzielen. Sein programmatischer Aufsatz im *New York Times Magazine* trug 1970 den Titel *The Social Responsibility of Business is to Increase its Profits*. Friedman lieferte damit das theoretische Gerüst für die Deregulierung, die ab Anfang der 1980er-Jahre in den USA unter Ronald Reagan und in Großbritannien unter Margaret Thatcher umgesetzt wurde. Dabei hatten sich die angelsächsischen Wirtschaftspolitiker in den Jahrzehnten zuvor dem europäischen Weg angenähert; mit John Maynard Keynes hatte ein britischer Ökonom sogar den einflussreichsten Gegenentwurf zum Laissez-faire-Kapitalismus vorgelegt. In seiner 1936 veröffentlichten *Allgemeinen Theorie der Beschäftigung, des Zinses und des Geldes* zog er die Konsequenzen aus der Weltwirtschaftskrise und propagierte einen aktiveren Staat, der Konjunktursteuerung betreibt und Marktkräfte kanalisiert.

Während Friedmans Erbe die US-Wirtschaft noch immer prägt, hat sich in Europa die „dritte Form" zwischen ungezügeltem Kapitalismus und staatlicher Wirtschaftslenkung nahezu flächendeckend durchgesetzt. Zwar hatte Friedman auf dem

Alten Kontinent auch nach der Jahrtausendwende noch zahlreiche Anhänger, aber die Finanzkrise 2008/2009 und zuletzt die Corona-Krise haben keynesianische Tendenzen weiter verstärkt. Immer weniger Ökonomen und Politiker propagieren einen schlanken Staat.

AGENDA 2063 – DAS *EUROPEAN ECONOMIC MODEL* FÜR AFRIKA?

Auch viele Verantwortliche in Afrika haben das Potenzial der Sozialen Marktwirtschaft erkannt. So versuchen Staaten wie Algerien, Botswana, Namibia und Kap Verde, ein dichteres soziales Netz zu knüpfen. Die Afrikanische Union (AU) hat dies sogar zu einer der Hauptprioritäten erklärt: Soziale Sicherungssysteme sind ein zentraler Baustein der Agenda 2063, die die AU 2013 formuliert und zwei Jahre später verabschiedet hat. Sie sollen nachhaltiges und inklusives Wachstum fördern und auf diese Weise die Armut beseitigen.

Darüber hinaus will die AU mit ihrer Agenda 2063 für Rechtsstaatlichkeit, Frieden und Stabilität sorgen und die politische Integration fördern. Man kann deshalb mit Fug und Recht sagen, dass sich Afrika an der EU als Leitbild orientiert.

Zu den Projekten, die die AU im Zuge ihrer Agenda vorantreibt, gehören eine Freihandelszone und ein Hochgeschwindigkeitszug, der sämtliche Handelszentren und Hauptstädte verbindet. Auch eine gemeinsame Zentralbank und ein panafrikanisches Digitalnetz sind vorgesehen. Während in einigen Bereichen bereits Fortschritte erzielt wurden (etwa beim Handel), stocken jedoch viele Projekte mangels Finanzierung.

Afrika habe bemerkenswerte Fortschritte gemacht, aber noch einen weiten Weg vor sich, sagte Alassane Ouattara, Präsident der Elfenbeinküste, auf einem EU-Gipfel im Februar dieses Jahres. Die African Development Bank drängte zeitgleich auf eine „schnellere Implementierung“ der Agenda und kritisierte, dass afrikanische Anleger ihr Geld zu oft außerhalb des Kontinents investieren.

Nicht nur bei den gemeinsamen Projekten, sondern auch bei den Reformen auf einzelstaatlicher Ebene ist der Weg noch weit. Das gilt insbesondere für die sozialen Sicherungssysteme: Afrika sei der Kontinent mit den niedrigsten sozialen Standards, schreibt die International Labour Organization im *Social Protection Report 2017-2019*. Im Durchschnitt sind nach Berechnungen der ILO nicht einmal 18 Prozent der Einwohner afrikanischer Staaten in irgendeiner Form abgesichert. Kein afrikanischer Staat korrigiert also das geschilderte Marktversagen bei ungelernten Arbeitskräften wirkungsvoll.

Das muss sich ändern. Auf dem Weg vom ungezügelten Kapitalismus zur sozialen Marktwirtschaft ist die Einführung effektiver sozialer Sicherungssysteme ein entscheidender Schritt, weil sie die Machtverhältnisse zugunsten ungelernter Arbeitskräfte ändern und damit das geschilderte Marktversagen korrigieren.

Damit wären die beiden Kernprinzipien einer solidarischen Gesellschaft erfüllt, die niemanden im Stich lässt und allen Bürgern ein würdevolles Leben ermöglicht:

- Wer arbeitet, kann seine Familie versorgen.
- Wer seinen Job verliert, muss nicht hungern.

Wir sind überzeugt, dass die Soziale Marktwirtschaft zudem gesellschaftliche Spannungen abbauen, die Stabilität erhöhen und weitere Wachstumskräfte entfesseln würde. Denn wenn die Gräben zwischen Arm und Reich zu tief werden, schadet das auch den Privilegierten. Weil die fehlende Kaufkraft die Entwicklung ihrer Unternehmen bzw. Arbeitgeber hemmt. Weil sie ihren Wohlstand nur in abgeschotteten und gesicherten Refugien genießen können. Weil sie fürchten müssen, dass sich der Unmut der Verlierer irgendwann entlädt. Und weil sich gezeigt hat, dass sozial heterogene Volkswirtschaften mangels stabiler Konsum- und Binnennachfrage anfälliger sind für exogene

Schocks und ökonomische Krisen. Ausufernde Ungleichheit ist also nicht bloß ein ethisches Problem, sondern auch eine Gefahr für den gesamtgesellschaftlichen Wohlstand.

Damit wir uns nicht falsch verstehen: Wir sind als überzeugte Verfechter des Leistungsprinzips gegen Gleichmacherei. Aber es ist nicht nur Ausdruck von Solidarität, sondern auch im Interesse der „Gewinner", gegen eine hohe Ungleichheit zu kämpfen.

VIELERORTS FEHLT DER POLITISCHE WILLE

Zu vielen Privilegierten und politischen Entscheidungsträgern ist das leider noch nicht durchgedrungen. Jedenfalls gehen einige Regierungen allenfalls halbherzig gegen die Ungleichheit vor. Dass es noch kein afrikanisches Land geschafft hat, eine Soziale Marktwirtschaft zu etablieren, liegt nicht nur an den schwierigen Rahmenbedingungen, sondern oft auch am fehlenden politischen Willen.

So zählt mit Nigeria ausgerechnet das bevölkerungsreichste Land Afrikas zu denjenigen, die wenig gegen Ungleichheit unternehmen (obwohl wegen des Ölreichtums Ressourcen für ein Solidarsystem vorhanden sind). Die Nothilfe- und Entwicklungsorganisation Oxfam, die 2018 für ihren *Commitment to Reducing Inequality Index* 157 Länder analysiert und dabei Steuersysteme, Arbeitnehmerrechte und Sozialabgaben verglichen hat, stellte der nigerianischen Regierung ein denkbar schlechtes Zeugnis aus. Das Land landete auf dem letzten Platz – vor allem wegen niedriger Sozialausgaben. Obwohl der Präsident behaupte, gegen die Ungleichheit vorgehen zu wollen, seien die Leistungen für Bedürftige weiter „beschämend niedrig", kritisierte Oxfam.

Das habe dramatische Folgen: Trotz vergleichbaren Pro-Kopf-Einkommens stürben 10 Prozent der Kinder, bevor sie ihr fünftes Lebensjahr erreichen. Auch andere Regierungen in Afrika schnitten schlecht ab, so landeten Madagaskar, Sierra Leone und Tschad nur wenige Plätze vor Nigeria:

Tabelle 13: Kampf gegen übermäßige Ungleichheit?
Die zehn Länder, denen Oxfam die schlechteste Sozialpolitik attestiert

Rang	Land	Rang	Land
148	Bangladesch	153	Sierra Leone
149	Singapur	154	Tschad
150	Laos	155	Haiti
151	Madagaskar	156	Usbekistan
152	Bhutan	157	Nigeria

Quelle: Commitment to Reducing Inequality Index (2018), Oxfam

Wohlgemerkt: Wir machen uns hier nicht die gesamte Argumentation von Oxfam zu eigen. Hinter der Analyse der Globalisierungskritiker scheint uns die Annahme zu stecken, man müsse nur den Reichen nehmen und den Armen geben, um für „Gerechtigkeit" zu sorgen. Ganz abgesehen von dem fragwürdigen Gerechtigkeitsbegriff, auf dem solche Gedankenketten basieren, möchten wir betonen: Bei den „Reichen" handelt es sich sehr oft um mittelständische Unternehmer, die Arbeitsplätze schaffen. Nur wenn sie wirtschaftlich erfolgreich sind, haben wir eine Chance auf einen breiten Aufschwung und den Sieg gegen die Armut.

Wir sollten die „Reichen" deshalb nicht schröpfen, sondern zu maßvoller Solidarität verpflichten – und auf Instrumente setzen, von denen mittel- und langfristig alle profitieren. Anders formuliert: Die Devise darf nicht lauten „Arm gegen Reich", eine Neiddebatte bringt uns nicht weiter. Vielmehr muss es darum gehen, Win-Win-Situationen für Arme und Reiche zu schaffen.

THESE 5

Mindestlöhne und Absicherungen für Arbeitslose spielen eine Schlüsselrolle

Ein entscheidender Schritt auf dem Weg zum *European Economic Model* ist eine soziale Absicherung für Menschen, die ihren Job verlieren. Das würde die Verhandlungsposition von Arbeitern verbessern, Ausbeutung erschweren – und dazu beitragen, einen Mindestlohn zu etablieren, der nicht nur auf dem Papier steht. Die gute Nachricht ist: Auch arme Länder können robuste Sozialsysteme etablieren.

Adäquate Löhne und menschenwürdige Arbeit – das mag manchem vor dem Hintergrund der bitteren Realität in Afrika vermessen oder gar naiv erscheinen. Aber alle großen Veränderungen beginnen mit neuen Ideen, mutigen Zielvorgaben und kleinen Schritten.

Von herausgehobener Bedeutung scheint uns dabei ein soziales Netz für Arbeitslose. Denn das garantiert nicht nur Hilfe in Notsituationen, sondern verändert auch die Machtverhältnisse auf dem Arbeitsmarkt: Wenn Arbeiterinnen und Arbeiter zumindest eine vorübergehende Alternative zu unwürdigen Jobs haben, stärkt das ihre Verhandlungsposition. Das wiederum kann dazu beitragen, dass die gesetzlich vorgeschriebenen Mindestlöhne tatsächlich gezahlt werden. Schließlich wäre kaum jemand bereit, dauerhaft für weniger zu arbeiten.

Marktwirtschaftlich orientierten Skeptikern sei zudem gesagt: Von einer klug konzipierten Arbeitslosenunterstützung profitieren Arme und Reiche gleichermaßen. Denn wir reden hier nicht über klassische Umverteilung von oben nach unten. Es geht also nicht darum, den Reichen zu nehmen, um den Armen zu geben und womöglich gar Einkommens- und Vermögensunterschiede zu nivellieren.

Im Gegenteil: Eine funktionierende Arbeitslosenunterstützung ist Ausdruck des Gegenseitigkeitsprinzips und vor allem kein Nullsummenspiel. Sie hebt die Einkommenspyramide auf ein höheres Niveau, weil sie nicht nur den Konsum, sondern auch die Bildungs- und Investitionsbereitschaft stärkt. Denn wer für Krisen und Notfälle abgesichert ist, gibt Ersparnisse eher für eine bessere Zukunft aus. Auf diese Weise entfesselt eine Arbeitslosenunterstützung neue Wachstumskräfte. Davon profitieren auch jene, die über Steuern und Abgaben in besonderem Maße zum Aufbau eines sozialen Sicherungssystems beitragen.

MINDESTLÖHNE SIND OHNE SOZIALEN SCHUTZ NICHT DURCHSETZBAR

Allein den gesetzlichen Mindestlohn zu erhöhen, wie es manche Experten propagieren, reicht unseres Erachtens dagegen nicht. Denn die Untergrenzen, die laut einer Studie in vielen Regionen Afrikas zwischen 100 und 200 US-Dollar im Monat liegen (umgerechnet in lokale Kaufkraft, siehe Grafik 14), stehen oft nur auf dem Papier: Laut *Social Protection Report* der ILO werden existierende Vorschriften in Afrika vielfach unterlaufen, weil niemand deren Einhaltung kontrolliert. Solange sich diese Machtverhältnisse auf dem Arbeitsmarkt nicht ändern, werden Unternehmen weiter Mittel und Wege finden, sie zu umgehen.

Zudem profitieren selbst von wirksamen Untergrenzen nur diejenigen, die Arbeit haben. Ein weiteres Problem ist, dass Mindestlöhne nicht automatisch mit besseren Arbeitsbedingungen einhergehen. Eine schrittweise Erhöhung des Mindestlohns muss deshalb von anderen Maßnahmen flankiert werden. Dazu gehören neben einer funktionierenden Arbeitslosenunterstützung auch effektivere Kontrollen.

Grafik 14: Leider oft nur auf dem Papier

Monatliche Mindestlöhne in US-Dollar (umgerechnet in lokale Kaufkraft)

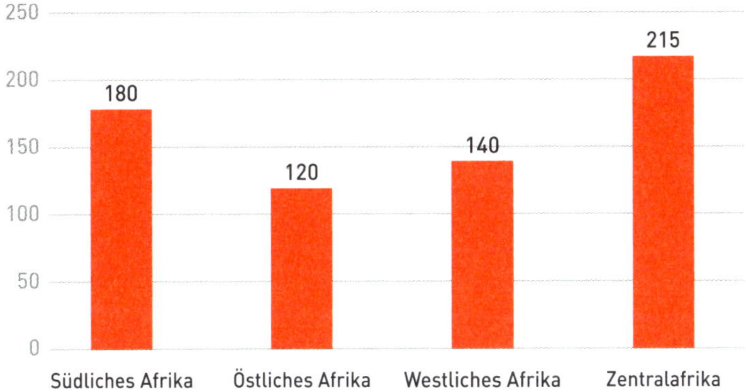

Quelle: Minimum Wages in Sub-Saharan Africa (2015), Forschungsinstitut zurZukunft der Arbeit (IZA Institute of Labor Economics)

Wegen der geschilderten Nachteile isolierter Mindestlöhne sind wir auch skeptisch, was eine globale Untergrenze von 1 Dollar pro Stunde angeht, wie ihn Georgios Zervas und Peter Spiegel in ihrem Buch *Die 1-Dollar-Revolution* vorschlagen. Denn dieser würde ohne diese zusätzlichen Maßnahmen wiederum nur auf dem Papier stehen. Zwar empfehlen Zervas und Spiegel im letzten Kapitel ihres Buches ergänzend „ein wirksames System der Arbeitslosigkeits- und Sozialversicherung" in Entwicklungsländern. Ihr Konzept sieht allerdings vor, das sämtliche Staaten der Welt 1 Prozent ihres BIP in einen *Global Goal Fund* einzahlen, den die Vereinten Nationen verwalten. Wir halten das für unrealistisch, weil sich dafür zu viele Länder mit völlig unterschiedlichen Interessen auf eine gemeinsame Linie einigen müssen. Zudem sind wir überzeugt, dass Entwicklungsländer eigene soziale Sicherungssysteme aufbauen sollten. Am Tropf der Staatengemeinschaft zu hängen, ist aus unserer Sicht keine erstrebenswerte Lösung. Afrika braucht Hilfe zur Selbsthilfe.

SOZIALSTAATEN IN AFRIKA SIND MÖGLICH

Wer mit Verweis auf leere Staatskassen und schwache Institutionen behauptet, ein soziales Netz in Afrika sei unrealistisch, macht es sich jedoch zu einfach: Vielerorts könnten politisch Verantwortliche sehr wohl Arbeitslose, Alte und Kranke absichern, wenn sie es wollten – und wenn sie beginnen würden, eine effektivere Finanzverwaltung aufzubauen, um Steuerausfälle zu reduzieren. Einige Länder wie Ghana haben in diesem Bereich zuletzt große Fortschritte gemacht.

Experten sind daher überzeugt, dass sich auch arme Länder robuste Sozialsysteme leisten können. Dafür seien etwa „3 bis 5 Prozent des Bruttoinlandsproduktes" notwendig, sagte der langjährige UN-Ökonom Khalid Malik laut einem Bericht der *Deutschen Welle* bereits 2014. „Das ist durchaus möglich." Und der Gewinn sei enorm, „denn die Investition führt zu mehr Wohlstand".

Ähnlich sieht es Markus Loewe vom Deutschen Institut für Entwicklungspolitik (DIE): „Sozialstaaten in Afrika sind möglich", schrieb er bereits 2010 in einem Gastbeitrag für die *Zeit*. Sieben Jahre später konkretisierte der Volkswirt gemeinsam mit Co-Autor Christoph Strupat: Internationale Vergleiche zeigten, „dass auch arme Länder soziale Grundsicherungssysteme finanzieren können". Bereits „mit vergleichsweise kleinen Beträgen" lasse sich „viel erreichen".

Zudem betonte Loewe, „welche zentrale Rolle soziale Sicherung für die ökonomische und politische Entwicklung in Entwicklungsländern spielt". Denn sie schütze nicht nur vor extremer Armut und stärke den inneren Frieden, sondern erhöhe zugleich die Bereitschaft zu investieren – zum Beispiel in unternehmerische Aktivitäten. Er verwies darauf, dass Länder mit „leistungsfähigen sozialen Grundsicherungssystemen" ökonomische Einbrüche wie die globale Wirtschafts- und Finanzkrise 2008/2009 besser verkraften.

Im Übrigen untermauert ein Rückblick auf das deutsche Wirtschaftswunder, dass nicht nur reiche Länder Sozialstaaten werden können: Als die damalige Bundesregierung Ende der 1940er- und Anfang der 1950er-Jahre eine bundesweite

Sozialversicherung inklusive Arbeitslosenunterstützung einführte, war die Staatskasse ebenfalls leer. Dennoch errichtete sie einen zentralen Pfeiler der Sozialen Marktwirtschaft – und schuf damit eine wichtige Voraussetzung für breiten Wohlstand.

VON VIETNAM BIS CHILE: ERFOLGE IM KAMPF GEGEN DIE ARMUT

Zwar können wir keinen methodisch sauberen, wissenschaftlichen Beweis für die positiven Effekte einer Arbeitslosenunterstützung präsentieren. Denn ganz gleich, auf welches Land man schaut: Stets überlagern sich verschiedene Effekte, und stets sind komplexe Wechselwirkungen zu beachten. Hinzu kommt, dass sich die jeweiligen Systeme erheblich unterscheiden.

Allerdings haben wir analysiert, wie sich einstige Entwicklungsländer entwickelt haben, nachdem sie soziale Sicherungssysteme für Arbeitslose eingeführt haben. Und dabei haben wir starke Indizien dafür gefunden, dass das Instrument entscheidend zum Rückgang von Armutsquoten beiträgt, weitere Wachstumskräfte entfesselt und Volkswirtschaften krisenfester macht. Die Befürchtung, dass Sozialversicherungen Entwicklungsländer überfordern und sogar kontraproduktiv sind, weil sie die Wettbewerbsfähigkeit der Wirtschaft beschränken, ist deshalb unbegründet.

Aufschlussreich ist naturgemäß vor allem der Blick nach Lateinamerika und Asien: Auf beiden Kontinenten haben viele Länder bereits in den 1990er-Jahren begonnen, dichtere soziale Netze zu knüpfen, darunter Brasilien, Chile, China, Thailand und Vietnam. China zum Beispiel hat seinen Staatskapitalismus um Elemente der Sozialen Marktwirtschaft ergänzt, indem die Regierung in den 1990er-Jahren schrittweise eine Sozialversicherung einführte und ausbaute. Zwar gibt es erhebliche regionale Unterschiede, und insbesondere in ländlichen Regionen sind viele Menschen noch immer schlecht abgesichert. Aber die Reformen haben dazu beigetragen, dass die Armut deutlich zurückgegangen ist: Mehr als die Hälfte der Menschen, die ihr in den vergangenen 30 Jahren weltweit entkommen sind, leben im Reich der Mitte.

In der Region Asien-Pazifik sind die Menschen wegen der Sozialreformen heute deutlich besser vor einem Jobverlust geschützt: Laut ILO erhalten im Schnitt 22,5 Prozent der Arbeitslosen Leistungen, womit die Quote ziemlich genau viermal so hoch ist wie in Afrika. In China erhalten inzwischen 18,8 Prozent der Arbeitslosen staatliche Hilfe, in Thailand 43,2 und in Vietnam sogar 45 Prozent. Schlechter, aber immer noch deutlich besser als in Afrika sieht es in Lateinamerika aus: Im Schnitt erhalten dort 12 Prozent der Betroffenen Arbeitslosenunterstützung, wobei die Quote in Chile mit 45 Prozent besonders hoch ist.

Aber welche konkreten ökonomischen Folgen hatten wichtige Sozialreformen? Ein Blick auf Vietnam, Thailand und Chile zeigt, dass die Armutsquoten stets deutlich zurückgingen, während das BIP pro Kopf kräftig zulegte:

Tabelle 14: Vietnam

BIP nach Einführung einer robusten Arbeitslosenversicherung im Jahr 2010

	2010	2011	2012	2013	2014	2015	2016	2017
BIP pro Kopf (in US-$)	1.310	1.515	1.723	1.871	2.012	2.065	2.171	2.343
Armutsquote (in %)[1]	4,2	k.A.	2,8	k.A.	2,6	k.A.	2	k.A.
Armutsquote (in %)[2]	k.A.	k.A.	17,2	k.A.	13,5	k.A.	9,8	k.A.

Tabelle 15: Thailand

BIP nach Einführung einer robusten Arbeitslosenversicherung im Jahr 2004

	2004	2006	2008	2010	2012	2014	2016	2017
BIP pro Kopf (in US-$)	2.660	3.369	4.379	5.075	5.860	5.954	5.979	6.594
Armutsquote (in %)[1]	0,8	0,7	0,1	0,1	0,1	0	0	0
Armutsquote (in %)[2]	26,8	21,9	20,4	16,4	12,6	10,5	8,6	k.A.

Tabelle 16: Chile

BIP nach Einführung einer robusten Arbeitslosenversicherung im Jahr 2002

	2000	2003	2006	2009	2011	2013	2015	2017
BIP pro Kopf (in US-$)	5.101	4.788	9.485	10.243	14.706	15.941	13.737	15.346
Armutsquote (in %)[1]	4,4	4,2	2,4	2,6	1,6	0,9	1,3	0,7
Armutsquote (in %)[2]	36	35,4	29,6	25,3	22,2	14,4	11,7	8,6

[1] nach Weltbank-Definition (Daten liegen nicht für alle Jahre vor)
[2] nach nationalen Standards (Daten liegen nicht für alle Jahre vor, deutlich höhere Grenzwerte)
Quelle: Weltbank, nationale Behörden, eigene Recherchen

Zwar haben, wie erwähnt, stets auch andere Faktoren zu der Entwicklung beigetragen, seien es marktwirtschaftliche Reformen, konjunkturelle Aufschwünge, demografische Dividenden oder neue Handelsabkommen. Und wir kennen den Unterschied zwischen Kausalität und Korrelation. Aber angesichts der erstaunlichen Parallelen kann man unseres Erachtens nicht von einem Zufall sprechen. Die Zahlen sprechen genau wie der gesunde Menschenverstand dafür, dass eine klug konzipierte Arbeitslosenunterstützung Armutsquoten senkt und Wachstumskräfte entfesselt. Damit untermauern sie, dass Unternehmer Sozialreformen nicht fürchten müssen.

LOHNERHÖHUNGEN? LIEBER EIN BISSCHEN INFLATION ALS VIEL ARMUT

Sicher kann die Einführung bzw. der Ausbau von Sozialversicherungen Unternehmen kurzfristig dennoch vor große Herausforderungen stellen. Schließlich müssen sie oft eine Art Solidarabgabe auf die Löhne einbehalten und selbige erhöhen – etwa, wenn aus formalen reale Lohnuntergrenzen werden.

Für monetaristisch orientierte Ökonomen ist das ein Schreckensszenario: Wenn Unternehmen wegen höherer Löhne die Preise anheben müssten, so argumentieren sie, verschlechtert das ihre Wettbewerbsfähigkeit und vernichtet Arbeitsplätze. Zudem bestehe die Gefahr einer Inflation, die die nominalen Lohnerhöhungen aufzehrt und weitere negative Folgen hat – von Fehlallokationen bis hin zur Entwertung der Altersvorsorge.

Dieses Risiko ist nicht von der Hand zu weisen. Aber um es in aller Klarheit zu sagen: Ein bisschen Inflation ist besser als viel Armut.

Außerdem lässt sich das Risiko minimieren, wenn Arbeitslosenunterstützung und Löhne schrittweise angehoben werden, damit die Preise nicht zu schnell und zu stark steigen. Die gute Nachricht in diesem Zusammenhang lautet, dass sich die höheren Kosten in der Regel nicht 1:1 in einen Inflationsschub umsetzen, weil die durchschnittliche Auslastung der Unternehmen steigt. Denn Sozialtransfers und höhere Löhne stärken die Inlandsnachfrage und die Investitionsbereitschaft. Auf Henry Fords entsprechende Bemerkung, wie wichtig es sei, dass sich auch seine Arbeiter ein Auto leisten können, haben wir bereits hingewiesen. Und von Robert Bosch ist ein Zitat überliefert, das diesen Zusammenhang vielleicht sogar noch treffender beleuchtet: „Ich zahle nicht gute Löhne, weil ich viel Geld habe. Ich habe viel Geld, weil ich gute Löhne zahle."

DIGITALISIERUNG SETZT DER BILLIGLOHNSTRATEGIE EIN ENDE

Hinter der Skepsis gegenüber steigenden Löhnen steht oft die Vorstellung, dass Afrika wie einst China zur verlängerten Werkbank der Industriestaaten werden und ausländische Unternehmen mit niedrigen Personalkosten anlocken muss. Doch wer daran glaubt, die Länder Afrikas könnten ihre Konkurrenzfähigkeit durch Lohndumping steigern, macht die Rechnung ohne die Digitalisierung. Denn viele Konzerne in den Industriestaaten haben längst umgedacht; immer mehr Unternehmen setzen auf vernetzte und automatisierte Produktionsstätten in der Heimat, in denen intelligente Roboter und Maschinen einen großen Teil der Arbeit übernehmen – häufig zu noch niedrigeren Kosten als Arbeitskräfte in Fernost (abgesehen von der Anfangsinvestition).

„Die Digitalisierung führt dazu, dass manche Unternehmen ihre Offshoring-Aktivitäten zurückfahren und Produktion teilweise aus dem Ausland zurückholen", sagte Professor Enzo Weber vom Institut für Arbeitsmarkt- und Berufsforschung jüngst der *WirtschaftsWoche*. Für Schwellenländer habe die Digitalisierung deshalb „bisher überwiegend negative Effekte".

Die Corona-Krise hat den Trend zur Deglobalisierung und zur Verkürzung von Lieferketten weiter verstärkt. Zudem wächst die Gefahr, dass Unternehmen aus Industrieländern für schlechte Arbeitsbedingungen bei Zulieferern in Schwellen- und Entwicklungsländern zur Rechenschaft gezogen werden. Das zeigt zum Beispiel die Klage von vier Pakistanern, die vom deutschen Textildiscounter Kik Schmerzensgeld verlangten, weil ihre Angehörigen bei einem Fabrikbrand ums Leben kamen. Und die laufende Debatte um ein Lieferkettengesetz, die derzeit noch nicht abgeschlossen ist, könnte unabhängig von konkreten Versäumnissen zu strengen gesetzlichen Auflagen führen.

Da verwundert es nicht, dass Lohnkostenvorteile bei der Wahl von Auslandsstandorten vielfach in den Hintergrund rücken. Aus afrikanischer Sicht spricht dies ebenfalls dagegen, im Standortwettbewerb ausschließlich auf Billiglohnstrategien zu setzen. Im Gegenteil: Es wäre kurzsichtig, wenn Staaten voreilig darauf vertrauen würden, durch ein niedriges Lohnniveau internationale Konzerne anzulocken.

SCHWELLENLÄNDER: EXPORTANSTIEG TROTZ HÖHERER LÖHNE

Ein Blick auf Exportstatistiken unterstreicht, dass Lohnerhöhungen die Wettbewerbsfähigkeit einer Volkswirtschaft nicht über Gebühr belasten müssen. Beispiel Vietnam: Dort ist seit Ende der 1990er-Jahre sowohl der durchschnittliche Lohn als auch der Mindestlohn deutlich gestiegen. Dennoch legten die Exporte zu. Auch in Thailand und Chile stiegen die Exporte lange Zeit mit den Löhnen:

Grafik 15: Vietnam

Entwicklung von Löhnen und Exporten (indexierte Werte)

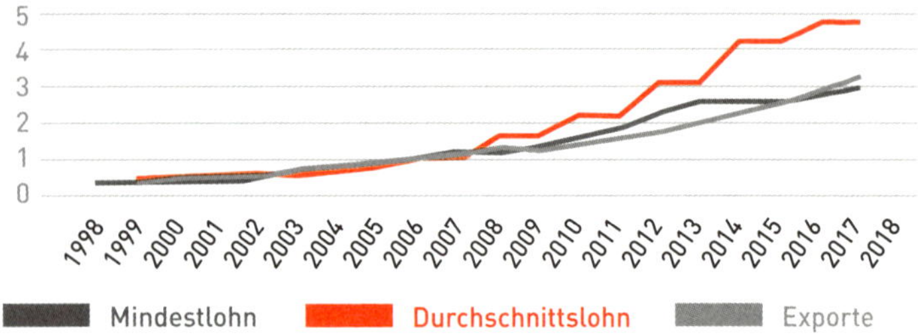

Quellen: Weltbank, Vietnam Institute for Economic and Policy Research (VEPR), eigene Recherchen

Grafik 16: Thailand

Entwicklung von Löhnen und Exporten (indexierte Werte)

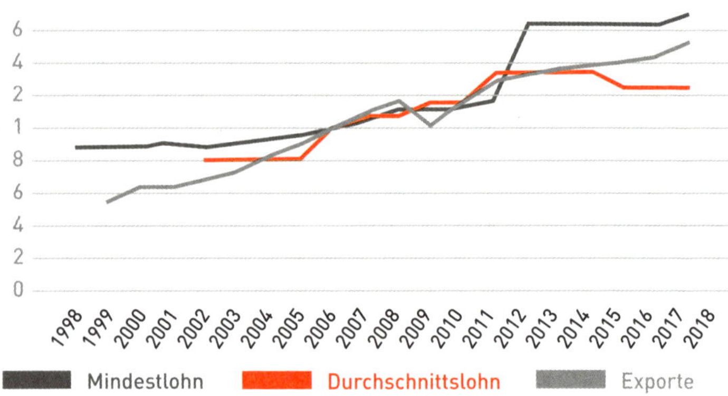

Quellen: Weltbank, Thailand Development Research Institute, Bank of Thailand, nationale Behörden

Grafik 17: Chile

Entwicklung von Löhnen und Exporten (indexierte Werte)

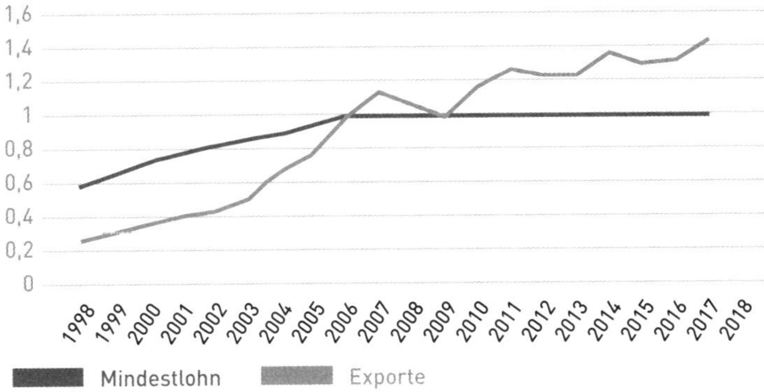

Quellen: ILO, Weltbank, eigene Recherche

Ein ähnliches Bild zeigt ein Vergleich von Mindestlohn und BIP pro Kopf: In Vietnam und Thailand ist die Pro-Kopf-Wirtschaftsleistung jeweils stärker gestiegen als der Mindestlohn, in Chile war ein Gleichklang zu beobachten. Auch diese Zahlen legen also nahe, dass Sozialreformen kein Wachstumshemmnis sind – im Gegenteil.

WAS EINE GUTE ARBEITSLOSENUNTERSTÜTZUNG AUSMACHT

Allerdings entfesselt eine Arbeitslosenunterstützung keineswegs automatisch Wachstumskräfte. Auch das zeigt ein Blick in die deutsche Historie. Denn der erste Anlauf scheiterte: Als 1927 die Reichsanstalt für Arbeitsvermittlung und Arbeitslosenversicherung gegründet wurde, war es schon zu spät. Wenig später brach die Weltwirtschaftskrise aus, weshalb die Vorgängerin der Bundesarbeitsagentur chronisch unterfinanziert war und keine Schlagkraft entfalten konnte. Anders als viele glauben, hat Reichskanzler Otto von Bismarck in den 1880er-Jahren zwar eine gesetzliche Kranken-, Unfall- und Rentenversicherung eingeführt – aber keine Erwerbslosenfürsorge. Die gab es erst ab 1918, und bis zur Übernahme durch das Reich 1927 lag sie in der Verantwortung der Kommunen, die mit dieser Aufgabe vielfach überfordert waren.

Was also macht ein schlagkräftiges System zur Arbeitslosenunterstützung aus? Wie hoch soll der anfängliche Betrag sein? Soll es eine steuerfinanzierte Grundsicherung – also eine Art Hartz IV – oder eine klassische Arbeitslosenversicherung sein, die auf Beiträgen von Arbeitnehmern und Arbeitgebern basiert? Oder eine Kombination aus beidem? Und welche Laufzeiten und Sanktionen sind sinnvoll? Konkrete Konzepte können nicht am Reißbrett, sondern nur vor Ort entwickelt werden. Schließlich hängen die Antworten auf die oben formulierten und weitere Fragen von den jeweiligen Rahmenbedingungen ab, und die unterscheiden sich in den verschiedenen afrikanischen Ländern tiefgreifend.

Es verbietet sich daher, „One-size-fits-all"-Lösungen zu propagieren. Zumal an diesem Habitus, der bisweilen in Besserwisserei und Bevormundung ausartet, schon manches gut gemeinte Projekt der Entwicklungszusammenarbeit gescheitert ist. Eines lässt sich allerdings sagen: Es wird in den meisten Ländern nicht reichen, eine beitragsfinanzierte Arbeitslosenversicherung einzuführen oder auszubauen. Schließlich sind laut ILO nur knapp 15 Prozent der Arbeitskräfte in Afrika klassische Angestellte. Die meisten verdingen sich als Tagelöhner, die formal selbständig oder überhaupt nicht als Arbeitskräfte erfasst sind.

Grafik 18: Kontinent der Tagelöhner

Nur wenige Arbeitskräfte in Afrika sind klassische Arbeitnehmer (Anteil in %)

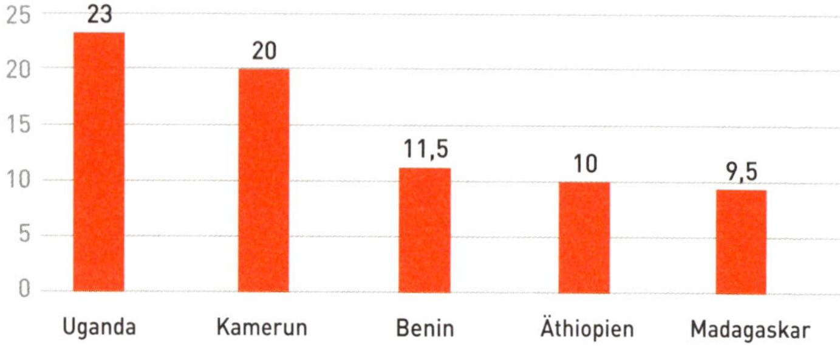

Quelle: World Social Protection Report 2017-2019, ILO

Werden sie beschäftigungslos, sind ihnen klassische Arbeitslosenversicherungen keine Hilfe, und das ist auch das wesentliche Manko der meisten bereits existierenden Systeme: Sie gelten überwiegend nur für Arbeitskräfte, die zuvor in festen Beschäftigungsverhältnissen standen.

GRUNDSICHERUNG NACH DEM PRINZIP „FÖRDERN UND FORDERN"

Damit ist klar: Wir brauchen in aller Regel (auch) eine Art bedingte Grundsicherung für Menschen, die nirgendwo eingezahlt haben. Damit meinen wir allerdings kein „bedingungsloses Grundeinkommen", wie es in Industrieländern diskutiert wird. Wir befürworten stattdessen auch hier das Prinzip „Fördern und Fordern" und plädieren dafür, die Auszahlung der Grundsicherung an klare Kriterien zu knüpfen.

Eine Blaupause könnte – in Teilen – das Programm *Bolsa Familia* sein, das Brasilien 2003 eingeführt hat. Transferzahlungen an Arme sind hier an zahlreiche Bedingungen geknüpft. So müssen Schwangere an Vorsorgeuntersuchungen teilnehmen und Workshops zu Themen wie Stillen oder Gesunde Ernährung besuchen. Zudem müssen Familien ihre Kinder zur Schule schicken und sicherstellen, dass sie an mindestens 85 Prozent der Schulstunden teilnehmen.

Wichtig erscheint uns darüber hinaus, dass sich Arbeitsfähige um einen Job bemühen. Das führt allerdings zu einer kniffligen Frage: Wie streng müssen die Kriterien sein, damit Menschen einerseits eine Alternative zu unwürdiger Arbeit haben – und andererseits keine Anreize zum Nichtstun auf Kosten der Allgemeinheit geschaffen werden? Dieses Spannungsfeld aufzulösen, ist alles andere als trivial. Aber auch hier gilt: Das richtige Maß können nur die Verantwortlichen in Afrika finden. Wir Europäer dürfen deshalb keine Schablonen definieren, wenn wir den Aufbau sozialer Sicherungssysteme fordern und fördern. Stattdessen müssen wir Partnerstaaten Spielraum für maßgeschneiderte Lösungen geben – und beobachten, ob es funktioniert.

CASH TRANSFERS: GUTE BASIS FÜR DEN NÄCHSTEN SCHRITT

Dabei gilt es auch, offen für andere Instrumente zu sein. Ein interessantes Modell sind *Social Cash Transfers*, wie sie das Bundesentwicklungsministerium in Malawi unterstützt. Sie zielen auf besonders Bedürftige; zuletzt profitierten über 63.000 Haushalte mit rund 310.000 Menschen. Die Transferzahlungen sind an bestimmte Kriterien wie die Einkünfte, das Haushaltsvermögen und die Zahl der Kinder geknüpft.

Im Rahmen des Projekts wurden Erfahrungen beim Aufbau einer Sozialverwaltung gesammelt – insbesondere, was die Identifizierung von Anspruchsberechtigten, das Auszahlungsverfahren und das Beschwerdemanagement angeht. Parallel wurde laut BMZ der malawische Rechnungshof gestärkt, um eine wirksame Kontrolle sicherzustellen.

Das Projekt in Malawi ist eines jener Beispiele, die zeigen, dass man bei der Entwicklungshilfe mit wenig Geld viel erreichen kann. Das BMZ betont, externe Evaluationen hätten gezeigt, dass das Programm die Lebensverhältnisse zahlreicher Menschen deutlich verbessert hat: Familien, die Social Cash Transfers erhalten, essen regelmäßiger. Ihre Kinder gehen länger zur Schule und sind gesünder; außerdem gibt es weniger frühe Schwangerschaften. Die Unterstützung lindert also nicht nur die schlimmste Not, sondern sorgt zugleich für bessere Perspektiven, aus eigener Kraft voranzukommen – Hilfe zur Selbsthilfe im besten Sinne. Das sollte Ansporn sein, Cash-Transfer-Systeme Schritt für Schritt zu umfassenderen sozialen Sicherungssystemen auszubauen.

Malawi hat im Rahmen der *National Social Support Programs* (MNSSP) neben den Cash Transfers weitere Initiativen angeschoben, darunter öffentliche Arbeitsprogramme für Menschen ohne Job und Mikrokredite für Gründer und Selbstständige. Außerdem hat das Land – ebenfalls mit deutscher Unterstützung – das *Economic Empowerment Pilot Project* angeschoben. Es sieht Einmalzahlungen an Kleinunternehmer sowie die Gründung lokaler Genossenschaften vor, damit

Menschen gemeinsam sparen und an die Genossenschaftler Kredite vergeben. Die Ergebnisse waren vielversprechend, vor allem wenn Kleinunternehmer zugleich gecoacht wurden. Denn dann stieg die Quote derer, die diese Zahlungen für produktive Investitionen einsetzten.

Die Erfolge in Malawi belegen zweierlei. Erstens: Vielerorts hat sich die Erkenntnis durchgesetzt, dass soziale Sicherungssysteme die entscheidenden Vehikel im Kampf gegen Armut und Hunger sind. Zweitens: Es gibt erhebliche Fortschritte bei der Entwicklungshilfe. Auf Basis langjähriger Erfahrungen wird das Geld immer öfter zielgenau eingesetzt, und Experten beobachten die Auswirkungen sehr genau, um bei Bedarf nachzujustieren oder neue Wege zu beschreiten. Das zeigen zum Beispiel die detaillierten Evaluationen des Malawiprojekts.

Deshalb ist der Zeitpunkt gekommen, um einen Gang hochzuschalten. Dank der Erfahrungen und Kompetenzen von Entwicklungsökonomen und Verantwortlichen vor Ort können hoffnungsvolle Ansätze zu einer breit angelegten staatlichen Sozialoffensive werden, in deren Zentrum zunächst eine robuste Arbeitslosenunterstützung stehen sollte.

WICHTIG: WENIGER TAGELÖHNER, MEHR ANGESTELLTE

Neben dem Aufbau von Grundsicherungssystemen gilt es, möglichst viele Menschen aus Scheinselbstständigkeit und Schwarzarbeit in den offiziellen Arbeitsmarkt zu holen und damit in den Geltungsbereich einer etwaigen klassischen Arbeitslosenversicherung. Das sollte zu einer zentralen Aufgabe der Finanz- und Arbeitsbehörden werden, die viele afrikanische Staaten derzeit auf- bzw. ausbauen – teils mit deutscher Hilfe im Rahmen des Marshallplans mit Afrika.

Neben Kontrollen sind allerdings positive Anreize notwendig. Und ein Blick in den Süden des Kontinents zeigt, dass es schlagkräftige Instrumente gibt: Mit dem *Broad Based Black Economic Empowerment Programm* (B-BBEE) hat Südafrika starke Anreize für Unternehmen geschaffen, Menschen mit dunkler Hautfarbe einzustellen, weiterzubilden, zu befördern und sogar an der Firma zu beteiligen: Im Rahmen des Programms wird mit Hilfe einer *Scorecard* detailliert bewertet, wie ein Unternehmen in den einzelnen Bereichen abschneidet. Wer zu wenig Punkte hat, bekommt keine Aufträge vom Staat; zudem achten viele Kunden auf den B-BBEE-Score.

Wir wollen an dieser Stelle nicht diskutieren, ob und inwieweit das Programm „Weiße" diskriminiert – und schon gar nicht dazu raten, das Modell 1:1 auf andere Länder zu übertragen. Die Kernidee aber, Auftragsvergaben durch den Staat vom Einhalten bestimmter Standards abhängig zu machen, hat das Potenzial, Unternehmen dazu zu bringen, mehr Menschen offiziell einzustellen. Darüber hinaus können Regierungen Unternehmen mit einer hohen Quote formal Angestellter weitere Vorteile bieten. Dazu gehört zum Beispiel ein leichterer Zugang zu Förderkrediten.

THESE 6

Faire Löhne und Sozialreformen senken Geburtenraten – und führen in eine Positivspirale

Wenn es gelingt, durch faire Löhne und Sozialleistungen die Durchschnittseinkünfte der Armen zu erhöhen, führt das in eine Positivspirale. Denn mit steigenden Pro-Kopf-Einkommen sinkt die Geburtenrate – bis irgendwann die Bevölkerung nicht mehr wächst. Das würde Afrika wie einst den asiatischen Tigerstaaten eine „demografische Dividende" bescheren.

Während sehr hohe Geburtenraten erhebliche Nachteile haben, birgt ein Rückgang gewaltige Chancen für einzelne Frauen und die Gesellschaft insgesamt. So wächst der Anteil der Frauen, die arbeiten, was laut Berlin-Institut für Bevölkerung und Entwicklung einen „sprunghaften Anstieg des nationalen Einkommens" auslösen kann. Zudem sinkt mittelfristig die Jugendarbeitslosigkeit, weil nach und nach weniger junge Menschen auf den Arbeitsmarkt drängen. Experten sprechen in diesem Zusammenhang von einer demografischen Dividende. Damit die Geburtenraten sinken und eine Positivspirale einsetzt, muss jedoch das Einkommen der Armen steigen. „Die Kinderzahlen sinken immer dort, wo sich die Lebensbedingungen der Menschen verbessern", schreiben die Forscher des Berlin-Instituts in ihrer aktuellen Studie *Afrikas demografische Vorreiter*.

Um diesen Zusammenhang zu illustrieren, haben wir exemplarisch drei Schwellenländer ausgewählt, in denen das Bevölkerungswachstum zum Erliegen gekommen ist. Die Zahlen der Weltbank und der nationalen Statistikämter zeigen jeweils eindrucksvoll, dass das Bruttoinlandsprodukt pro Kopf im selben Zeitraum kräftig gestiegen ist:

Grafik 19: Chile

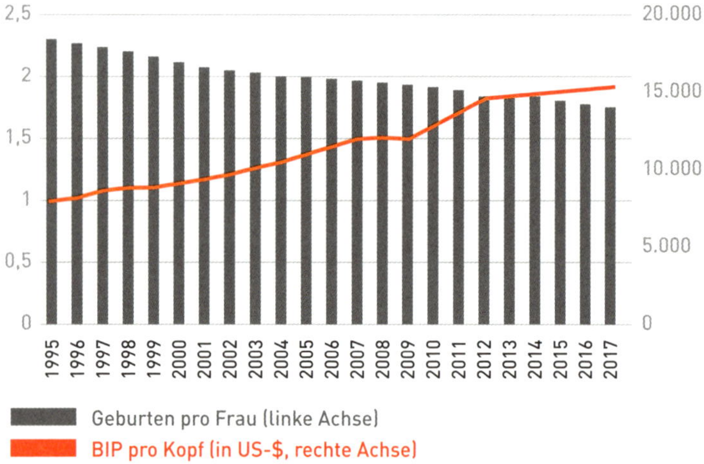

Grafik 20: Thailand

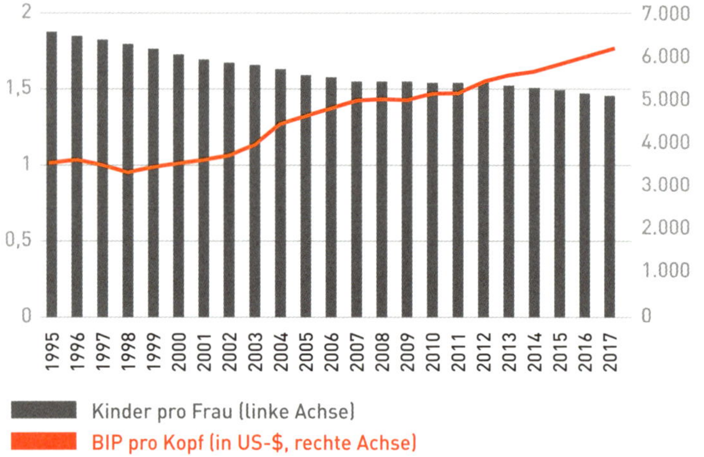

Grafik 21: Vietnam

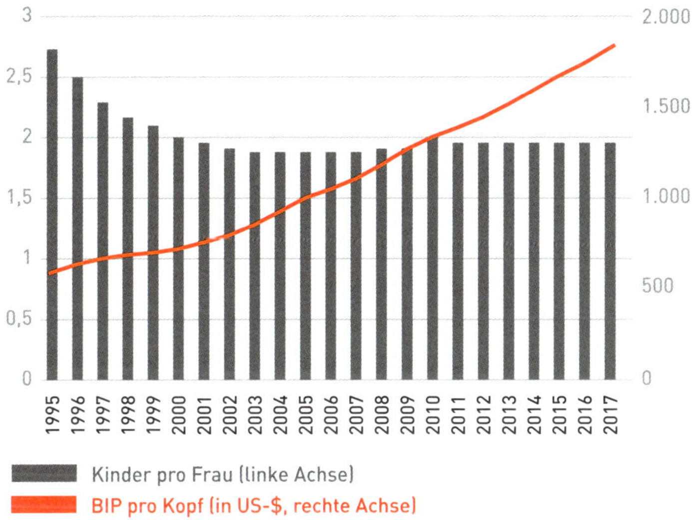

SOZIALLEISTUNGEN SENKEN DIE GEBURTENRATEN

Wissenschaftliche Untersuchungen lassen den Rückschluss zu, dass die Einführung robuster sozialer Sicherungssysteme diese Entwicklung befeuert hat. So kamen Ökonomen aus den USA und Großbritannien 2015 im Rahmen ihrer statistischen *Analyse Fertility and Social Security* zu dem Schluss: Eine Erhohung staatlicher Sozialleistungen um 10 Prozent des BIP geht in den USA und Europa mit einer Reduzierung der Geburtenraten um 0,7 bis 1,6 Kindern pro Frau einher.

Im Zentrum der Analyse stehen zwar staatliche Rentensysteme: Wer sich darauf verlassen kann, dass er eine Rente bekommt, muss weniger Kinder in die Welt setzen, um im Alter abgesichert zu sein. Aber Arbeitslosenunterstützungen erhöhen ebenfalls die Planungssicherheit – und wirken noch über den bereits erwähnten zweiten und oft unterschätzten Hebel: Sie verbessern die Verhandlungsposition der Beschäftigten und tragen somit dazu bei, Mindestlöhne zu etablieren. Damit fördern sie einen Effekt, den das Berlin-Institut als entscheidend einstuft, um Geburtenziffern in Afrika zu senken. Es sei dringend notwendig, „formale und produktivere“ Arbeitsplätze zu schaffen. Auch hier also die Forderung: Jobs allein reichen nicht – die Menschen müssen zudem offiziell angestellt und anständig bezahlt werden.

DIE ENTSCHEIDENDE MARKE: ZWEI KINDER PRO FRAU

Aber wie weit muss der Wohlstand wachsen, um eine Positivspirale auszulösen? Hier liefert ein Blick auf Länder, die in den letzten Jahrzehnten eine „demografische Dividende“ eingefahren haben, aufschlussreiche Hinweise. Zu dieser Gruppe zählen laut Berlin-Institut „die asiatischen Tigerstaaten Taiwan, Südkorea, Malaysia, Thailand und Indonesien“. Auch in etlichen anderen Schwellen- und Entwicklungsländern nähert sich die Geburtenrate der entscheidenden Marke von zwei Kindern pro Frau, ab der die Bevölkerung nicht mehr wächst. Vielerorts wurde sie bereits unterschritten (siehe Tabelle 17, S. 146/147).

In Afrika ergibt sich bislang noch ein anderes Bild. Selbst die sieben Staaten, die das Berlin-Institut in seiner Studie als „Afrikas demografische Vorreiter“ einstuft, melden weitaus höhere Geburtenraten (siehe Tabelle 18, S. 148/149).

Die Unterschiede zeigen: Bei welchem BIP pro Kopf die Geburtenrate auf den entscheidenden Wert von zwei Kindern pro Frau sinkt, lässt sich wegen kultureller Unterschiede schwer vorhersagen – von Umrechnungsproblemen bei unterschiedlichen Währungen ganz zu schweigen. So nähert sich das arme Nepal diesem Wert bereits bei einer Pro-Kopf-Wirtschaftsleistung von 2702 Dollar, während etwa Kenia und Senegal trotz höheren Wohlstands nur knapp unter der Marke von vier Kindern pro Frau liegen.

Das bestätigt Experten, die davon ausgehen, dass die Geburtenraten in etlichen afrikanischen Ländern bei steigenden Pro-Kopf-Einkommen nicht ganz so stark zurückgehen wie auf anderen Kontinenten. Dennoch ist die Korrelation auch in

Afrika eindeutig: Wenn das Pro-Kopf-Einkommen steigt, sinken die Geburtenraten – bis irgendwann die Bevölkerung nicht mehr wächst. Und höhere Sozialleistungen können diese Entwicklung massiv beschleunigen.

DAS ERSTE ZIEL: 300 DOLLAR PRO MONAT

Das erste Ziel in den ärmsten Ländern sollte unseres Erachtens ein Pro-Kopf-Einkommen in der Größenordnung von rund 300 Dollar pro Monat sein. Wie Statistiken zeigen, wird in vielen Ländern dann die magische Geburtenrate von zwei Kindern pro Frau erreicht oder rückt in greifbare Nähe – und das Bevölkerungswachstum kommt zum Erliegen.

So hat Äthiopien bei einem Pro-Kopf-BIP von rund 1.000 Dollar eine Geburtenrate von fünf Kindern pro Frau erreicht, bei knapp 2.000 Dollar lag sie bei vier. Setzt sich diese Entwicklung fort, dürfte bei 4.000 Dollar die magische Schwelle von zwei Kindern pro Frau erreicht werden. Ein erster Schritt in die richtige Richtung wäre ein – durch die von uns vorgeschlagene robuste Arbeitslosenunterstützung flankierter und eben nicht nur auf dem Papier stehender! – Mindestlohn von 1 Dollar pro Stunde. Das entspräche je nach Arbeitszeit 200 bis 300 Dollar pro Monat und würde das durchschnittliche Einkommensniveau vielerorts deutlich anheben.

Tabelle 17: Wann es soweit ist

Bei welchem BIP pro Kopf* kommt das Bevölkerungswachstum zum Erliegen, weil die Geburtenrate auf rund zwei Kinder pro Frau sinkt?

	Bangladesch		Brasilien		Chile		Costa Rica		Jamai
	Geburten-rate	BIP p. Kopf	Geburten-rate	BIP p. Kopf	Geburten-rate	BIP p. Kopf	Geburten-rate	BIP p. Kopf	Geburten-rate
2000	3,17	1.301	2,30	9.011	2,11	9.603	2,37	7.828	2,58
2001	3,07	1.372	2,23	9.215	2,07	10.019	2,29	8.138	2,53
2002	2,97	1.420	2,16	9.513	2,05	10.373	2,22	8.395	2,48
2003	2,88	1.491	2,10	9.688	**2,02**	**10.876**	2,16	8.791	2,44
2004	2,78	1.586	**2,03**	**10.399**	2,00	11.843	2,11	9.287	2,40
2005	2,69	1.718	1,98	10.949	1,98	12.775	2,07	9.815	2,36
2006	2,60	1.864	1,93	11.602	1,96	15.787	**2,03**	**10.695**	2,33
2007	2,52	2.024	1,88	12.501	1,95	16.981	2,01	11.711	2,29
2008	2,45	2.163	1,85	13.260	1,93	16.548	1,98	12.327	2,25
2009	2,38	2.264	1,82	13.212	1,90	16.214	1,95	12.139	2,21
2010	2,33	2.393	1,81	14.242	1,88	18.236	1,92	12.734	2,17
2011	2,28	2.571	1,79	14.973	1,86	20.438	1,89	13.397	2,14
2012	2,24	2.758	1,78	15.408	1,83	21.620	1,87	14.144	2,10
2013	2,20	2.941	1,77	16.002	1,82	22.579	1,84	14.555	2,07
2014	2,17	3.142	1,75	16.242	1,80	22.978	1,82	15.187	2,05
2015	2,13	3.346	1,74	15.699	1,79	22.960	1,80	15.741	**2,03**
2016	2,10	3.584	1,73	15.222	1,77	23.228	1,78	16.420	2,01
2017	**2,08**	**3.877**	1,71	15.553	1,77	24.747	1,77	17.110	1,99

* BIP pro Kopf unter Kaufkraftparität (in aktuellen internationalen Dollar)

	ımbien	Libanon		Nepal		Sri Lanka		Vietnam	
n-	BIP p. Kopf	Geburten-rate	BIP p. Kopf	Geburten-rate	BIP p. Kopf	Geburten-rate	BIP p. Kopf	Geburten-rate	BIP p. Kopf
	6.539	2,23	9.993	4,03	1.220,1	2,24	4.392	**2,01**	**2.030**
	6.703	2,13	10.220	3,88	1.285,1	2,25	4.392	1,95	2.182
	6.879	**2,04**	**10.235**	3,72	1.284,8	2,26	4.600	1,92	2.332
	7.191	1,94	10.256	3,58	1.341,2	2,27	4.930	1,90	2.518
	7.678	1,84	10.733	3,43	1.422,1	2,28	5.298	1,89	2.757
	8.191	1,75	11.030	3,29	1.499,4	2,28	5.765	1,89	3.032
	8.901	1,68	11.361	3,15	1.578,9	2,28	6.350	1,90	3.312
	9.646	1,63	12.662	3,01	1.658,7	2,27	6.913	1,91	3.609
	10.036	1,60	14.020	2,87	1.776,8	2,26	7.418	1,92	3.851
	10.118	1,60	15.279	2,74	1.852,9	2,23	7.689	1,94	4.050
	10.570	1,61	16.115	2,61	1.945,3	2,20	8.355	1,95	4.318
	11.464	1,64	15.694	2,49	2.031,1	2,17	9.193	1,95	4.633
	12.016	1,67	15.345	2,38	2.143,7	2,14	10.171	1,96	4.914
	12.661	1,70	14.936	2,29	2.244,2	2,11	10.618	1,96	5.211
	13.384	1,71	14.612	2,22	2.394,6	2,08	11.250	1,96	5.563
	13.801	1,72	14.176	2,16	2.471,6	2,06	11.833	1,96	5.932
	14.101	1,72	14.204	2,12	2.485,0	2,05	12.357	1,95	6.303
	14.503	1,71	14.513	**2,08**	**2.702,4**	**2,03**	**12.863**	1,95	6.790

Quelle: Weltbank (https://data.worldbank.org, abgerufen 2020), eigene Recherchen

Tabelle 18: Afrikas Vorreiter

Wie sich BIP pro Kopf* und Geburtenraten in erfolgreichen afrikanischen Ländern entwickeln

	Äthiopien		Botswana		Ghana	
	Geburtenrate	BIP p. Kopf	Geburtenrate	BIP p. Kopf	Geburtenrate	BIP p. Kopf
2000	6,52	490	3,39	8.076	4,83	1.790
2001	6,38	527	3,29	8.155	4,75	1.857
2002	6,22	528	3,19	8.659	4,68	1.920
2003	6,04	512	3,11	9.116	4,61	2.008
2004	5,87	581	3,04	9.488	4,55	2.123
2005	5,69	652	2,99	10.094	4,49	2.260
2006	5,52	725	2,95	11.104	4,44	2.415
2007	5,36	807	2,92	12.148	4,39	2.520
2008	5,20	888	2,90	12.944	4,35	2.733
2009	5,06	948	2,89	11.841	4,31	2.814
2010	4,92	1.052	2,88	12.786	4,27	2.997
2011	4,80	1.163	2,88	13.596	4,23	3.404
2012	4,68	1.254	2,86	14.211	4,19	3.702
2013	4,56	1.375	2,84	15.805	4,15	3.948
2014	4,44	1.505	2,81	16.462	4,10	4.045
2015	4,32	1.637	2,77	16.055	4,04	4.083
2016	4,20	1.736	2,73	16.622	3,98	4.176
2017	**4,08**	**1.903**	**2,68**	**17.024**	**3,93**	**4.502**

*BIP pro Kopf unter Kaufkraftparität (in jeweils aktuellen internationalen Dollar)

Kenia		Marokko		Senegal		Tunesien	
Geburten-rate	BIP p. Kopf	Geburten-rate	BIP p. Kopf	Geburten-rate	BIP p. Kopf	Geburten-rate	BIP p. Kopf
5,18	1.690	2,78	3.553	5,47	1.899	2,14	6.002
5,11	1.745	2,72	3.853	5,39	1.981	2,09	6.315
5,04	1.734	2,68	3.986	5,31	1.974	2,05	6.445
4,98	1.771	2,64	4.257	5,25	2.093	2,02	6.831
4,91	1.861	2,61	4.530	5,20	2.217	2,00	7.398
4,84	1.980	2,59	4.773	5,16	2.354	1,99	7.836
4,76	2.114	2,57	5.231	5,13	2.420	2,00	8.422
4,68	2.256	2,56	5.495	5,11	2.538	2,02	9.135
4,58	2.243	2,56	5.865	5,10	2.619	2,06	9.607
4,48	2.271	2,57	6.085	5,08	2.620	2,10	9.866
4,37	2.425	2,58	6.311	5,06	2.669	2,14	10.223
4,27	2.557	2,58	6.688	5,04	2.684	2,18	10.121
4,17	2.652	2,58	6.922	5,00	2.791	2,21	10.604
4,07	2.782	2,57	7.255	4,96	2.834	2,23	10.971
3,99	2.909	2,56	7.480	4,90	2.989	2,23	11.377
3,92	3.029	2,53	7.792	4,84	3.121	2,22	11.498
3,85	3.160	2,49	7.858	4,77	3.257	2,20	11.619
3,79	**3.292**	**2,45**	**8.225**	**4,70**	**3.458**	**2,18**	**11.936**

Quelle: Weltbank (https://data.worldbank.org), Afrikas demografische Vorreiter – Wie sinkende Kinderzahlen Entwicklung beschleunigen (2019), Berlin-Institut für Bevölkerung und Entwicklung, eigene Recherche

THESE 7

Sozial-ökologische Marktwirtschaft: Die Welt ist reif für „Wohlstand für alle"

Ein kräftiger Aufschwung in Afrika könnte die Klimakrise wegen des dann steigenden Energieverbrauchs massiv verschärfen. Doch dank neuer grüner Technologien lässt sich dieser Zielkonflikt auflösen: Wohlstand für alle ist möglich, ohne unsere Lebensgrundlagen zu vernichten. Dazu muss Afrika konsequent auf Green Tech und erneuerbare Energien setzen – mit unserer Unterstützung. Die Corona-Konjunkturpakete bieten dazu eine einmalige Gelegenheit.

Keine Frage: Im Kampf gegen die Erderwärmung läuft uns die Zeit davon. Zwar will die neue EU-Kommissionspräsidentin Ursula von der Leyen mit ihrem *Green Deal* nun die richtigen Weichen stellen und über die Europäische Investitionsbank (EIB) 1 Billion für klimafreundliche Projekte mobilisieren. Es bestehen allerdings begrundete Zweifel, ob unser ökologischer Fußabdruck in absehbarer Zeit substanziell kleiner wird, weil die meisten Industriestaaten bislang nur überschaubare Fortschritte machen. Hinzu kommt: Wenn es uns nun gemeinsam gelingt, mit Hilfe des *European Economic Model* die Armut in Afrika zu besiegen und Wachstumskräfte zu entfesseln, könnte das die Erderwärmung nochmals massiv beschleunigen.

Das wirft die Frage auf, ob sich unser Planet überhaupt Wohlstand für alle leisten kann. Oder führen Erfolge im Kampf gegen die Armut unweigerlich zu zusätzlichen Treibhausgasemissionen? Das würde ebenjene Erfolge genauso konterkarieren wie die Anstrengungen der Industrieländer, endlich effektiv CO_2 einzusparen.

Wir werden gleich auf die Frage zurückkommen; zunächst gilt es zweierlei festzuhalten: Erstens profitieren wir Autofahrer, Vielflieger und Stromverschwender aus den Industrieländern bislang davon, dass viele Afrikaner unfreiwillig das Klima schonen, weil sie sich weder ein Auto noch einen Stromanschluss leisten können – von Urlaubsflügen ganz zu schweigen. Entwicklungsminister Gerd Müller hat in diesem Zusammenhang darauf hingewiesen, dass „die reichsten 10 Prozent der Welt 50 Prozent der CO_2-Emissionen" verursachen.

Zweitens sind die Hauptleidtragenden unserer Lebensweise und des vielerorts immer noch zögerlichen Kampfs gegen die Klimakrise die Menschen in den armen Ländern – also ausgerechnet diejenigen, die die niedrigsten Emissionen verursachen. Sie verlieren ihre Lebensgrundlage durch einen Klimawandel, zu dem sie kaum beigetragen haben. Schon jetzt sind laut Bundesregierung in der Sahelzone, die im Süden an die Sahara anschließt, rund 20 Millionen Menschen betroffen.

1.000 KOHLEKRAFTWERKE FÜR AFRIKA?

Zurück zur Frage nach den ökologischen Konsequenzen des „Wohlstands für alle": Die Gefahren des gewünschten Wirtschaftsbooms sind nicht zu leugnen. Derzeit sind 600 Millionen Afrikaner nicht ans Stromnetz angeschlossen. „Wenn zukünftig jeder afrikanische Haushalt eine Steckdose auf der Basis von Kohle bekommt, müssten 1.000 neue Kohlekraftwerke gebaut werden", warnte Minister Müller 2018 in einem Interview und forderte: „Wir können die Afrikaner nur zum Verzicht auf Kohle bewegen, wenn wir sie beim Aufbau klimafreundlicher Zukunftstechnologien unterstützen."

Die gute Nachricht ist allerdings: Wir könnten den vermeintlichen Konflikt zwischen Armutsbekämpfung und Klimaschutz bzw. zwischen sozialen und ökologischen Zielen auflösen. Denn dank umwelt- und klimafreundlicher Technologien, insbesondere im Bereich der erneuerbaren Energien und mit Blick auf grünen Wasserstoff, kann die Erde inzwischen „Wohlstand für alle" verkraften.

So hat die Internationale Energieagentur (IEA) im Juni 2020 einen *Sustainable Recovery Plan* vorgelegt, den ihre Experten gemeinsam mit denen des IWF entwickelt haben. Die klare Botschaft: Wenn Regierungen jetzt die richtigen Weichen stellen, können sie die Basis für nachhaltiges, klimaverträgliches Wachstum legen. Die Corona-Konjunkturpakete bergen demnach weltweit die „einmalige Chance", zwei Fliegen mit einer Klappe zu schlagen: die Wirtschaft anzukurbeln und sie zugleich umzubauen. Die Kosten sauberer Technologien seien heute wesentlich niedriger als nach der Finanzkrise, betonen die Experten.

Von den geforderten Investitionen in erneuerbare Energien, emissionsarme Verkehrsmittel, energieeffiziente Gebäude und Klima-Innovationen sollen insbesondere Entwicklungsländer profitieren: Der *Sustainable Recovery Plan* soll das Wirtschaftswachstum dort um rund 1,3 Prozentpunkte pro Jahr beschleunigen, 420 Millionen Menschen mit „Clean Cooking Solutions" versorgen und weitere 270 Millionen ans Energienetz anschließen.

RIESENCHANCE FÜR DEN „SONNENKONTINENT"

Die Förderung von Solarstrom ist zu Recht bereits ein zentraler Bestandteil des Marshallplans mit Afrika der Bundesregierung. „Der Sonnenkontinent Afrika hat die Chance, ohne den Umweg über umweltbelastende Technologien, die Energieversorgung auf Basis erneuerbarer Energien massiv auszubauen – direkt zukunftsfähig, nachhaltig und kostengünstig", heißt es in einem BMZ-Papier dazu.

Das stimmt – und unterstreicht: Wie im Kampf gegen die Armut haben Afrika und Europa auch bei erneuerbaren Energien identische Interessen. Afrika kann seine Wirtschaft zukunftsfest machen und eine Abkürzung zu nachhaltiger Versorgungssicherheit nehmen. Zudem bergen erneuerbare Energien große Exportpotentiale – gerade in Form von grünem Wasserstoff.

Es ist deshalb richtig, dass die Bundesregierung bei ihrer neuen Wasserstoffstrategie vor allem auf Afrika setzt.

Womöglich werden sich soziale und ökologische Fortschritte also gegenseitig befeuern. In diesem Zusammenhang lohnt sich ein Blick auf die Umwelt-Kuznets-Kurve, eine umweltökonomische, der zufolge steigender Wohlstand der Natur zugute kommt. Die Botschaft lautet vereinfacht ausgedrückt: Wer genug zu essen hat, kümmert sich eher um die Umwelt und ums Klima. Wenn Entwicklungsländer den Aufstieg zum Schwellenland schaffen, rücken Natur- und Klimaschutz deshalb weiter nach oben auf der Agenda. So trieb China seinen Aufschwung über Jahrzehnte ohne Rücksicht auf natürliche Ressourcen voran. Doch in den letzten Jahren hat ein Umdenken eingesetzt, weil die grundlegenden Bedürfnisse vieler Menschen gestillt sind und die negativen Folgen des Raubbaus an der Natur immer sichtbarer werden. Allerdings ist die Umwelt-Kuznets-Kurve umstritten, weil sich der Verlauf von Land zu Land stark unterscheidet. Ab welchem Einkommensniveau Umweltbelastungen zurückgehen, lässt sich deshalb schwer vorhersagen. Kritiker stört zudem, dass sie einen Automatismus suggeriert.

DER MARSHALLPLAN ALS VEHIKEL GEGEN DEN KLIMAWANDEL

Damit es in Afrika schneller geht, will Deutschland – nach dem Marshallplan-Prinzip „Fördern und Fordern“ – den Aufbau erneuerbarer Energiesysteme kräftig unterstützen: So hat die Bundesregierung unter anderem angekündigt „privates Kapital für die Modernisierung und Transformation des Energiesektors einzuwerben“, „Erfahrungen aus der Energiewende für den Ausbau erneuerbarer Energien in konzertierter Form bereitzustellen“ und „Anreizsysteme zum Aufbau dezentraler Energielösungen im ländlichen Raum auszubauen“.

Das sind keine leeren Versprechen. So hat Reformpartner Ghana ein Erneuerbare-Energien-Gesetz erarbeitet, durch das deren Anteil auf mehr als 10 Prozent steigen soll. Dafür erhält

Ghana nicht nur Know-how, sondern auch zinsgünstige Kredite aus Deutschland. Auch bei den Reformpartnern Elfenbeinküste, Senegal und Marokko steht Solarenergie stark im Fokus. So wird in Marokko mit deutscher Unterstützung das größte Solarkraftwerk der Welt gebaut, das 13 Millionen Menschen mit Strom versorgen soll. Dieses Werk soll auch dazu beitragen, klimaneutrale Kraftstoffe zu produzieren, darunter Methanol aus grünem Wasserstoff. Damit könnte Afrika eine wichtige Rolle dabei spielen, den Verkehrssektor klimafreundlicher zu machen.

Angesichts besserer und günstigerer Technologien und langjähriger Erfahrungen setzt die Bundesregierung darauf, dass es diesmal schneller und besser läuft als bei bisherigen ambitionierten Energieexportprojekten.

NACHHALTIGE VERPACKUNGEN, INNOVATIVE LANDWIRTSCHAFT

Berlin nutzt das Vehikel Marshallplan also bereits, um den Kampf gegen den Klimawandel voranzutreiben. Das ist richtig und ausbaufähig. Schließlich haben neue Technologien nicht nur bei der Energieversorgung riesiges Potential, sondern beispielsweise auch bei der Entsorgung von Abfall. Auch hier gibt es innovative Konzepte und Technologien, die das Müllaufkommen und die damit verbundene Logistik deutlich reduzieren – und auf diese Weise zugleich Ressourcen schonen. Wir wissen, wovon wir reden: Die Schoeller-Gruppe verfügt in diesem Bereich über langjährige Erfahrung (siehe Exkurs S. 156).

Wer sich über Afrika informiert, wird feststellen: Überall auf dem Kontinent gibt es Projekte, deren Initiatoren – seien es Stiftungen, Entwicklungshilfeorganisationen oder private Unternehmen – neue Ideen und Technologien testen, um elementare Probleme zu lösen. Häufig bekommen sie wichtige Unterstützung von staatlichen Wirtschaftsförderern.

Der technische Fortschritt wird einen wichtigen Beitrag leisten im Kampf gegen Hunger und Erderwärmung. Fatalismus ist deshalb völlig fehl am Platze – ganz im Gegenteil: Wir sehen trotz aller Hindernisse gute Chancen, dass es immer mehr dieser Lichtblicke geben wird, die das Gesamtbild peu à peu aufhellen.

Viele Länder Afrikas haben die einmalige Gelegenheit, gleich mehrere Entwicklungsschritte zu überspringen und eine nachhaltige Wirtschaft aufzubauen – von der Energieversorgung über die Mobilität bis hin zu Landwirtschaft und Recycling. Ob vom Gartenschlauch zum sensorgesteuerten Bewässerungssystem, vom Holzofen zur Solaranlage oder vom Uralt-Laster zum E-Mobil – die Möglichkeiten sind vielfältig und die Potenziale gewaltig.

EXKURS: FAIR TRADE UND WERTSCHÖPFUNG

Die Schoeller-Gruppe beschäftigt sich seit vielen Jahren intensiv mit nachhaltiger Verpackungslogistik und hat dabei große technologische Fortschritte erzielt. So produziert die Tochter Schoeller Allibert langlebige und wiederverwendbare Kunststoffverpackungen wie zum Beispiel Getränkekästen oder Transportbehälter. Als europäischer Marktführer ist Schoeller Allibert bereits in 50 Ländern aktiv.

Zudem setzt die Familie Schoeller mit ihrer Desert Food Foundation auf technologische Innovationen für die afrikanische Landwirtschaft: Moderne Wasserentsalzungsanlagen können in den trockenen Regionen eine wichtige Rolle spielen, um die Wasserversorgung für Menschen und Landwirtschaft zu verbessern.

Das zeigt ein Projekt, das die Desert Food Foundation 2015 in Kenias ärmster Gegend gestartet hat, an der Westküste des Turkanasees. Dieses auch als Rudolfsee bekannte Gewässer ist schon jetzt stark vom Klimawandel betroffen; durch die zunehmende Trockenheit verdunstet immer mehr Wasser, was nicht nur zu der bereits erwähnten Verlandung führt, sondern auch zu einer „Versalzung" des Sees. Für die Region ist das eine Katastrophe, weil der Klimawandel somit nicht nur den Fischfang beeinträchtigt, sondern auch die Landwirtschaft. Sie benötigt das Wasser zur Bewässerung der Felder.

Die Stiftung hat deshalb in Nariokotome Anam einen innovativen landwirtschaftlichen Betrieb mit rund 10.000 Quadratmeter Anbaufläche eröffnet. Das Kernstück ist eine hochmoderne *Reverse-Osmosis*-Anlage, die mit Solarenergie betrieben wird und das Seewasser entsalzt. Sie produziert 30.000 Liter frisches Wasser pro Tag.

Die Pilotfarm versorgt mehr als zehn Familien mit Jobs; zudem erhalten die Mitarbeiter landwirtschaftliches Training. Auch hier lautet das Prinzip: Hilfe zur Selbsthilfe. Der Betrieb versorgt inzwischen das gesamte Dorf, in dem mehr als 300 Familien leben, mit Trinkwasser und Nahrungsmitteln (weitere Informationen finden Sie auf www.desertfood.org).

DIE ÖKOLOGISCH-SOZIALE-DIGITALE MARKTWIRTSCHAFT

Auch in Sachen digitale Transformation kann Afrika mehrere Stufen überspringen und direkt eine zukunftsfähige digitale Infrastruktur aufbauen. Während wir veraltete Netze aufrüsten müssen und dabei mit etlichen Problemen konfrontiert werden, kann Afrika direkt auf die neueste Technologie setzen – von Null auf Hundert sozusagen. In Nigeria beispielsweise ist mobiles Bezahlen längst völlig normal. Und in Kenia gab es mit M-Pesa bereits ein Zahlungssystem für Mobiltelefone, bevor in den USA Apple Pay an den Start ging. Aufbauen ist eben oft einfacher als umbauen.

Diese digitale Transformation kann nicht nur die Produktivität erhöhen, sondern auch Innovationen fördern und somit zusätzliche Wachstumskräfte entfesseln. Für Unternehmen, auch aus

Europa, ist das eine riesige Chance – vor allem wegen der jungen und digitalaffinen Bevölkerung vieler afrikanischer Länder. Wenn die ersten Hürden genommen sind, könnten viele afrikanische Länder deshalb schneller aufholen, als das heute vorstellbar erscheint – mit allen damit verbundenen Vorteilen für die Menschen in Afrika, Europa und dem Rest der Welt.

Und bevor Sie uns für naiv erklären: Wer hätte Anfang der 1990er-Jahre erwartet, dass die asiatischen Tigerstaaten und China einen derart rasanten Aufstieg hinlegen? Damals haben alle auf Japan geschaut – das asiatische Festland galt vielen als hoffnungsloser Fall. Und wer hätte gedacht, dass die ehemalige Sowjetrepublik Estland zum digitalen Vorzeigestaat avanciert?

Halten wir fest: Es ist nicht nur geboten, sondern auch möglich, Klimawandel und Armut gleichzeitig zu bekämpfen. Denn mit neuen Technologien lässt sich der Zielkonflikt auflösen. Mehr noch: Erfolge können sich gegenseitig befeuern, und zwar schon in naher Zukunft. Europa kann dafür die entscheidenden Impulse geben – im Rahmen echter Partnerschaften und mit einem Paradigmenwechsel in der Afrika-Politik.

ALSO: PACKEN WIR'S AN!

TEIL III

DIE AGENDA

Europa kann Reformen fordern und fördern – und dadurch eine Initialzündung auslösen

Reformstaaten in Afrika brauchen unsere Unterstützung: Europa kann entscheidende Impulse für einen Aufschwung geben, von dem auch die Armen profitieren. Dafür brauchen wir einen Neustart in der Afrikapolitik – und zwar jetzt. Denn der Zeitpunkt ist günstiger denn je.

Wir schlagen mit unserer Agenda für Afrika vor, Reformen im Sinne der Sozialen Marktwirtschaft zu fordern und zu fördern – und zwar mit drei mächtigen Hebeln: Deutschland und die EU sollten…

… Infrastrukturinvestitionen in Afrika fördern und damit eine europäische Seidenstraße bauen. Denn Infrastruktur ist die Plattform, auf der eine Volkswirtschaft gedeiht – ihr Ausbau ist deshalb die Initialzündung für unternehmerische Investitionen und den „Aufbau Afrika".

… faire Handelsverträge vereinbaren, die nicht mehr auf Handelsmaximierung, sondern vor allem auf Armutsminimierung setzen. Europa darf Afrika nicht länger zum Lieferanten von Rohstoffen degradieren.

… die Entwicklungshilfe für Reformstaaten ausbauen und effizienter ausgestalten. Der Paradigmenwechsel der Bundesregierung, Unterstützung an Reformen zu knüpfen, ist richtig – muss aber jetzt konsequent weitergeführt werden. Wir plädieren deshalb für einen „Marshallplan Plus".

Mit diesen drei Hebeln kann Europa einen Investitions- und Wirtschaftsboom anschieben – und zugleich nachhaltiges, inklusives Wachstum fördern. Denn wir wollen die Unterstützung in allen drei Bereichen auch an Sozialreformen knüpfen, damit das Wachstum endlich bei den Armen ankommt.

Im Zentrum steht dabei der Aufbau von Systemen zur Grundsicherung bzw. zur Arbeitslosenunterstützung, um die Machtverhältnisse auf dem Arbeitsmarkt zu verändern und Mindestlöhne zu etablieren, die nicht nur auf dem Papier stehen. Wie wir oben ausgeführt haben, steigen dann auch die Einkommen der Armen, was zu sinkenden Geburtenraten führt und eine Positivspirale in Gang setzt („demografische Dividende"). Eine wichtige Schwelle ist dabei ein Pro-Kopf-Einkommen von rund 300 Dollar pro Monat, weil die Bevölkerung dann vielfach nicht weiter wächst.

Der Zeitpunkt dafür ist günstiger denn je, da die Niedrigzinsen eine Jahrhundertchance bieten, Kapital für den Aufbau unseres Nachbarkontinents zu mobilisieren. Die laufende Neuverhandlung des EU-Afrika-Pakts kann deshalb zur Initialzündung für eine Zeitenwende werden.

Was uns besonders wichtig ist: Unsere Agenda ist keine blanke Theorie. Sie ist im engen Austausch mit zahlreichen politischen Entscheidern und Experten auf beiden Kontinenten entstanden. Sie basiert auf Erkenntnissen, die in der Praxis gereift sind – und auf Instrumenten und Institutionen, die bereits existieren, aber ihr Potenzial noch nicht annähernd ausschöpfen (dürfen).

HEBEL 1

Infrastrukturfinanzierung – Lasst uns eine europäische Seidenstraße nach Afrika bauen!

Infrastruktur ist die entscheidende Voraussetzung für unternehmerisches Engagement, inklusives Wachstum und breiten Wohlstand. Mit einem intelligenten Finanzierungskonzept kann Europa Kapital für Investitionen mobilisieren und Großes bewegen.

Die Bundesregierung will deutsche Unternehmer mit neuen Förderprogrammen ermutigen, in Afrika zu investieren. Der Erfolg ist jedoch bislang überschaubar. Und wir fürchten, dass das so bleiben wird. Denn selbst dort, wo die Korruption erfolgreich bekämpft wird, gibt es ein entscheidendes Hindernis: die schlechte Infrastruktur. Afrika braucht deshalb im ersten Schritt – und als Initialzündung – eine Infrastrukturoffensive.

Wir schlagen vor, dass Europa binnen einer Dekade 1 Billion Euro für Infrastruktur-Programme in afrikanischen Reformstaaten mobilisiert. Das ist aus unserer Sicht der mächtigste Hebel, um die Soziale Marktwirtschaft nach Afrika zu exportieren: Wir haben angesichts der niedrigen Zinsen die Jahrhundertchance, mit dem Kapital europäischer Anleger den Aufbau Afrikas voranzutreiben und das Ende der Armut einzuläuten – zumal Infrastrukturpolitik zugleich Sozialpolitik ist: Laut African Development Bank gibt es starke Indizien dafür, dass Investitionen in die Infrastruktur inklusives Wachstum fördern und die Ungleichheit reduzieren.

Im Zentrum müssen aus unserer Sicht staatliche Investitionen in Straßen-, Bahn-, Kommunikations-, Energie- und Wassernetze stehen. Deren Aufbau gehört nicht nur zu den Kernaufgaben des Staates, diese Netze bilden zugleich die Basis für privates unternehmerisches Engagement. Wer sich mit dem Aufstieg Chinas beschäftigt, wird schnell feststellen: Alles begann mit verstärkten staatlichen Infrastrukturinvestitionen.

INFRASTRUKTUR SORGT FÜR PRODUKTIVITÄTSSCHUB

Die Infrastruktur ist also sozusagen die Plattform, auf der eine Soziale Marktwirtschaft mit Standards gedeihen kann – zumal entsprechende Investitionen nicht nur die wirtschaftlichen Rahmenbedingungen verbessern. Zugleich können sie eine effektive flankierende Maßnahme für faire Löhne sein, und zwar gleich in doppelter Hinsicht: Staaten können, erstens, hohe Sozialstandards für Baufirmen und andere Auftragnehmer definieren – also etwa eine faire Bezahlung, offizielle Arbeitsverträge und gute Arbeitsbedingungen.

Zweitens erhöht eine bessere Infrastruktur die Produktivität der Wirtschaft und schafft damit Spielraum für Lohnerhöhungen. Infrastrukturelle Defizite schmälern die Produktivität in Subsahara-Afrika um satte 40 Prozent – und kosten damit jedes Jahr 2 Prozent Wirtschaftswachstum, konstatiert die Gesellschaft für Internationale Zusammenarbeit (GIZ) in einer aktuellen Projektbeschreibung zur *Verbesserung der Infrastruktur in Afrika*.

Angesichts leerer Kassen haben die Regierungen der Entwicklungsländer aber in der Regel nicht genug Spielraum für Investitionen aus eigener Kraft; Schätzungen zufolge gibt es auf dem Kontinent eine Finanzierungslücke von bis zu 108 Milliarden Dollar pro Jahr. Das entspricht knapp 100 Milliarden Euro. In den Industriestaaten gibt es dagegen genug Kapital, gerade wohlhabende Bürger suchen in der Niedrigzinsphase nach sicheren und dennoch halbwegs rentierlichen Anlagemöglichkeiten. So horten allein deutsche Sparer laut einer Studie der Direktbank

ING-DiBa zuletzt 253 Milliarden Euro Bargeld – das sind rund 30.000 Euro pro Bürger. Und in der Corona-Krise dürfte das Volumen aufgrund der Konsumzurückhaltung gestiegen sein. Noch höhere Beträge schlummern auf zahlreichen Sparkonten, deren Zinssätze inzwischen weit unter der Inflationsrate liegen.

Es existieren also enorme Kapitalreserven, die europäische Staaten und Finanzinstitutionen mobilisieren können, um Kredite für Infrastrukturprojekte an afrikanische Reformstaaten zu vergeben – und zwar zu niedrigeren Zinsen, längeren Laufzeiten und ganz allgemein faireren Bedingungen als jene, die chinesische Kreditgeber im Rahmen der Seidenstraßeninitiative bieten. In vielen Fällen dürften zudem schon Garantien reichen, damit afrikanische Staaten die Finanzierungen aus eigener Kraft übernehmen können. Auf diese Weise kann Europa Finanzierungspakete schnüren, die für reformorientierte afrikanische Regierungen attraktiver sind als die Offerten aus Fernost – trotz der Verknüpfung mit Reformen.

Das ist eine große Chance, um China im Wettbewerb der Systeme etwas entgegenzusetzen und eine eigene Infrastrukturoffensive zu starten – im Rahmen echter Partnerschaften. Aber wir müssen in Afrika endlich klotzen, statt zu kleckern, und die Seidenstraßeninitiative in den Schatten stellen. Dass die EU-Kommission im Januar angekündigt hat, 2 Milliarden Euro zusätzlich für Investitionen in erneuerbare Energien, städtische Infrastruktur und Start-ups in Afrika und der EU-Nachbarschaft zu mobilisieren, kann allenfalls ein Anfang sein.

AFRICA BONDS, ZINSGÜNSTIGE KREDITE UND REFORMEN

Das sehen viele politische Entscheider ähnlich. So haben Entwicklungsminister Gerd Müller und EVP-Fraktionsvorsitzender Manfred Weber im August 2020 in einem Gastbeitrag für das *Handelsblatt* eine „europäische Investitions- und Entwicklungsbank“ sowie eine „Investitions- und Innovationsoffensive“ in Afrika gefordert.

Eine zentrale Rolle für Afrika könnte künftig die European Bank for Restructuring and Development (EBRD) spielen: Sie wäre unseres Erachtens prädestiniert, um – in enger Abstimmung mit der African Union, den Entwicklungsbanken unseres Nachbarkontinents und der Weltbank – Infrastrukturkredite mit Laufzeiten von mindestens 20 Jahren an Reformstaaten zu vergeben. Um die notwendigen Mittel zu generieren, können sie zum Beispiel *Africa Bonds* emittieren.

Alternativ könnten Entwicklungsbanken wie die EBRD Garantien für eigene Bonds afrikanischer Regierungen aussprechen. Dann dürften die Papiere auf großes Interesse von Investoren stoßen – dank der Niedrigzinsphase schon bei Zinssätzen von 1 oder 2 Prozent. Und durch die enge Verknüpfung mit Reformen in Afrika würden zugleich Ausfallrisiken für die Entwicklungsbanken minimiert (und damit auch Gefahren für europäische Steuerzahler, denen diese Banken de facto gehören).

Anders formuliert: Wenn Europa im Rahmen einer Finanzierung auf dem Kapitalmarkt über Garantien seine Bonität ins Spiel bringt, können wir mit überschaubaren Mitteln Gewaltiges bewegen. Das von uns vorgeschlagene Infrastrukturprogramm würde allenfalls in überschaubarem Maße zu Zusatzbelastungen europäischer Haushalte führen – etwa in Form schuldenfinanzierter Kapitalerhöhungen für die Entwicklungsbanken. Steuererhöhungen wären dagegen nicht notwendig.

Nach und nach werden wir Erfolge sehen, von denen auch unsere Wirtschaft nachhaltig profitiert: Weil in Afrika neue Absatzmärkte entstehen. Weil florierender, fairer und freier Handel auf beiden Seiten zu wachsendem Wohlstand führt. Und weil wir unabhängiger werden von den launischen Großmächten China und USA.

DER ESM ALS VORBILD

Unser Konzept orientiert sich in Teilen am Europäischen Stabilitätsmechanismus (ESM), der sich mit Anleihen refinanziert und überschuldeten Staaten der Eurozone mit Krediten oder Bürgschaften zur Seite springen soll. Denn der ESM hat bewiesen, dass das Konzept „Kredit bzw. Garantien mit Reformen" funktioniert. Zwar kann man trefflich darüber streiten, ob die Reformauflagen an Staaten wie Griechenland in der Schuldenkrise zu streng waren. Aber Fakt ist: Die Länder, die Geld vom ESM erhielten, haben sich in den letzten Jahren ökonomisch besser entwickelt als der Durchschnitt der Eurozone.

Im Vergleich zu Hunger und Massensterben in Afrika war die Finanz- und Schuldenkrise der EU, in deren Folge der ESM gegründet wurde, eine überschaubare Herausforderung. Für Afrika ist deshalb erst recht eine neue Finanzarchitektur mit neuen Möglichkeiten zur Unterstützung der ärmsten Länder angezeigt. Ähnlich wie die EU Griechenland geholfen hat, sich aus der Schuldenspirale zu befreien, könnte sie nun eine Aufwärtsspirale in afrikanischen Ländern anschieben.

DIE STÄRKEN DER EBRD

Während die neue EU-Kommissionspräsidentin Ursula von der Leyen die European Investment Bank (EIB) im Rahmen des *Green Deal* zur Klimabank umbauen will, könnte die bereits erwähnte EBRD federführend den Aufbau Afrikas übernehmen. Aber warum halten wir sie für besonders geeignet? Die Bank mit Sitz in London wurde 1991 gegründet, um nach dem Fall des Eisernen Vorhangs Länder Osteuropas und der ehemaligen Sowjetunion bei der marktwirtschaftlichen Transformation zu unterstützen. Eigentümer sind neben der EU und der Europäischen Investitionsbank (EIB) 69 Länder. Dominierende Kraft ist Europa: 63 Prozent des Kapitals stammen von EU-Mitgliedstaaten, nur 10 Prozent von den USA. Das eröffnet Spielraum, die EBRD zu prägen.

Derzeit ist das Institut in 38 Ländern auf drei Kontinenten aktiv, in Afrika etwa in Ägypten, Tunesien und Marokko. Sie vergibt dort zum Beispiel Kredite für Infrastrukturprojekte und an kleine und mittelgroße Unternehmen, beteiligt sich bisweilen aber auch mit Eigenkapital. Zudem berät sie Regierungen von Entwicklungs- und Schwellenländern bei der Transformation der Wirtschaft, um ein unternehmerfreundlicheres Umfeld zu schaffen – zum Beispiel durch mehr Rechtssicherheit, effektivere Verwaltungsstrukturen und Schutz vor unfairem Wettbewerb.

Die EBRD verknüpft somit seit vielen Jahren Investitionen in die Infrastruktur mit Reformen und ist wegen dieser Erfahrung somit maßgeschneidert für unseren Ansatz.

Der deutsche Botschafter in Uganda, Albrecht Conze, hat bereits vorgeschlagen, das Mandat der EBRD auf Subsahara-Afrika auszuweiten; bislang umfasst dieses lediglich Nordafrika. Das Institut sei besonders geeignet für Infrastrukturinvestments, so Conze, weil es bis heute eine ganze Reihe von Ländern unterstützt habe, „ihre Banken und Finanzsysteme zu reformieren, die Preisbildung zu liberalisieren, Staatsunternehmen zu privatisieren und adäquate rechtliche Rahmenbedingungen für Eigentums- und Landrechte zu schaffen“ – und zwar durch Beratung, Training und Expertenwissen, „übrigens alles Dinge, die die Chinesen nicht anbieten“.

Die EBRD gibt also nicht nur Geld, sondern unterstützt zudem mit Rat und Tat und treibt damit Reformen voran.

Auch Eric Berglöf, Direktor des Instituts für Internationale Angelegenheiten der London School of Economics and Political Science und ehemaliger EBRD-Chefökonom, plädiert für eine Aufwertung seines ehemaligen Arbeitgebers: „Europa braucht eine robuste und agile Entwicklungsbank, die mit den chinesischen Institutionen der Seidenstraßeninitiative und mit den frisch verstärkten Entwicklungsbüros der Vereinigten Staaten kooperieren, aber auch mithalten kann“, schrieb er Ende 2019 in einem Gastbeitrag für die *WirtschaftsWoche*. Ganz besonders im Fokus müssten dabei „die Risiken und Möglichkeiten in Afrika“ stehen.

Berglöf war bis vor Kurzem Mitglied einer hochrangigen EU-Expertengruppe, die die Architektur europäischer Entwicklungsfinanzierung untersucht hat. Sein Fazit: Die EBRD sei zwar wegen der Verknüpfung ihres Engagements mit politischen Reformen „eine waschechte Entwicklungsbank mit einem weiten Spektrum von Aktivitäten, engem Dialog mit den nationalen Regierungen und einer starken Präsenz vor Ort". Aber sie sei ausgerechnet „dort schwach, wo der Entwicklungsbedarf am größten ist: in fragilen Staaten und insbesondere in Afrika südlich der Sahara".

Das gelte es zu ändern: Die EBRD könnte „ihre EU-Investitionen abgeben und sich auf die europäische Nachbarschaft sowie auf die afrikanischen Länder südlich der Sahara konzentrieren", schlug Berglöf vor – und wies darauf hin, dass eine solche Aufteilung 2013 schon einmal vorbereitet wurde. Auf diese Weise, so Berglöf, könne die EBRD zur „Europäischen Bank für Nachhaltige Entwicklung" umgestaltet werden, die dann mit Institutionen wie der Weltbank und der Afrikanischen Entwicklungsbank zusammenarbeitet – und mit nationalen europäischen Entwicklungsinstitutionen. Denn diese arbeiten in vielen Regionen, in denen die EBRD bislang nicht präsent ist.

Die EIB könnte dann das Engagement in Europa übernehmen. Anders als die EBRD gehört sie allein der EU und hat einen weniger ausgeprägten Fokus auf politischen Reformen in Entwicklungsländern. Die EIB-Beratungsleistungen beziehen sich vorwiegend auf konkrete Projekte; die allgemeinen Rahmenbedingungen gelten innerhalb der Europäischen Union meist als gesetzt. Auch deshalb wäre eine neue Aufteilung der Aufgaben sinnvoll – die EBRD konzentriert sich auf Afrika und überlässt der EIB das EU-Geschäft.

Berglöfs Vorschlag zeigt zudem, dass die entscheidenden Strukturen, Banken und Fördertöpfe bereits existieren – wir müssen sie nur besser verknüpfen und endlich das gewaltige Potenzial heben.

Tabelle 19: Entwicklungsbanken und -institutionen (Auswahl)

Name	Sitz	Neuzusagen 2019
European Bank for Reconstruction and Development (EBRD)	London	10,1 Mrd. Euro
European Investment Bank (EIB)	Luxemburg	63,3 Mrd. Euro
Europäischer Entwicklungsfonds (EEF)	Brüssel	ca. 4,4 Mrd. Euro[1]
Deutsche Investitions- und -Entwicklungsgesellschaft (DEG, KfW-Tochter)	Köln	1,85 Mrd. Euro
African Development Bank Group (ADBG)	Abidjan	ca. 2,4 Mrd. Euro[2]
Weltbank	Washington	ca. 52,7 Mrd. Euro

[1] 30,5 Mrd. Euro für den Zeitraum 2014 bis 2020
[2] 2017, umgerechnet zum Wechselkurs am 3.9.2020
Quelle: eigene Recherche

WARUM WIR SCHULDEN NICHT VERTEUFELN SOLLTEN

Ohne Zweifel müssten die EBRD und andere Entwicklungsbanken für das skizzierte Engagement in Afrika stärker kapitalisiert werden. „Um ihre Fähigkeit zur Kreditvergabe zu erhöhen, würde die EBRD zusätzliches Kapital benötigen", meint auch Berglöf. „Da wahrscheinlich nur Teilhaber aus der EU einen Beitrag leisten, bekämen diese mehr Stimmrechte." Das würde eine Prägung der Strategie durch die EU erleichtern, ohne den multilateralen Ansatz aufzugeben.

Angesichts der niedrigen Zinsen wäre es vermutlich sinnvoll, wenn die EU bzw. die Mitgliedsstaaten die Kapitalerhöhungen mit Schulden finanzieren. Der Clou: Kapitalerhöhungen erlauben, je nach Bankstatuten, Kredit- bzw. Garantievergaben in wesentlich größerem Umfang. Europa könnte auf diese Weise also das Potenzial des Kapitalmarkts heben – und mit vergleichsweise geringem Einsatz hohe Kredite an afrikanische Reformstaaten ermöglichen. Das ginge sogar ohne neue Schulden, weil Garantien nach aktuellen Rechnungslegungsstandards nicht in die Schuldenberechnung einbezogen werden.

Wir sehen allerdings ohnehin keinen Anlass, sich wegen möglicher neuer Schuldenaufnahme allzu große Sorgen zu machen. Wann, wenn nicht jetzt?, muss man angesichts historisch niedriger Zinsen fragen. Zudem sei daran erinnert, dass Europa diesbezüglich großen Spielraum hat; wir könnten 10 Billionen Dollar aufnehmen, bevor wir den Schuldenstand der USA erreichen.

Immer mehr Volkswirte warnen ohnehin davor, Schulden zu verteufeln. So betont der frühere IWF-Chefvolkswirt Oliver Blanchard gebetsmühlenartig: „Man kann die Staatsverschuldung nutzen – wenn man sie richtig nutzt." Und Nobelpreisträger Paul Krugman, langjähriger Verfechter des *Deficit Spending*, meint: Dass Staatsdefizite ein großes Problem seien, glaubten heute nur noch „Idioten". In der Tat nimmt die anhaltende Niedrigzinsphase hohen Schulden einen Teil ihres Schreckens, weil sie staatliche Handlungsspielräume nicht mehr so stark beschränkt wie vorher (zumindest in den Industrieländern). Außerdem schaffen Schulden Wohlstand, wenn Regierungen damit Straßen, Versorgungsnetze, Brücken und andere Infrastrukturprojekte finanzieren. Auch wenn es paradox klingt: Afrikanische Länder können, salopp formuliert, reicher werden, indem sie Kredite in Europa aufnehmen. Voraussetzung ist dafür natürlich, dass wir ihnen faire Konditionen bieten.

Wenn sie weiterhin auf China angewiesen sind und schlechtere Konditionen in Kauf nehmen müssen, bestehen dagegen hohe Risiken. Zwar liegen die Schuldenquoten südlich der Sahara im Schnitt bei 60 Prozent des Bruttoinlandsprodukts und damit unter dem Niveau der meisten Industrieländer. Aber wegen der niedrigen Steuereinnahmen ist das kein Freibrief für sorglose Kreditaufnahmen – insbesondere in China. Deshalb ist Europa als fairer, langfristig orientierter Kredit- bzw. Garantiegeber gefragt, der nachhaltige Partnerschaften zum gemeinsamen Wohl anstrebt. Weil wir zu niedrigen Zinsen Kapital zu mobilisieren vermögen, können und sollten wir diese Vorteile an Reformstaaten weiterreichen – zu beiderseitigem Nutzen.

DIE EUROPÄISCHE ZENTRALBANK UND DIE ARMUT

In diesem Zusammenhang plädieren wir dafür, die EZB zu verpflichten, ein größeres Augenmerk auf globale soziale Ungleichgewichte zu legen. Denn dann könnte sie in Africa Bonds investieren, wenn es den Verantwortlichen sinnvoll erscheint. Dabei sehen wir durchaus, dass dies die Gefahr einer Politisierung der Notenbank birgt, die langfristig verheerende Folgen haben könnte – etwa in Form von Inflation durch eine maßlose Ausweitung der Geldmenge. Wir sind jedoch zugleich überzeugt, dass das Problem beherrschbar ist, solange wir nur die Ziele modifizieren und die Unabhängigkeit der Notenbank nicht antasten.

Außerdem sollte sich angesichts des unvorstellbaren Leids in Afrika niemand an ökonomische Dogmen klammern – zumal die EZB unter dem ehemaligen Präsidenten Mario Draghi einige vermeintliche ökonomische Wahrheiten widerlegt hat. So hat ihre bereits seit Jahren verfolgte Niedrigzinspolitik allen Unkenrufen zum Trotz weder Inflation noch einen Crash ausgelöst. Das ist aus unserer Sicht Grund genug, monetaristische Glaubenssätze zu hinterfragen und neue Wege auszuloten – die Spielräume sind womöglich größer als gedacht.

Im Zuge des *Green Deal* der EU wird bereits darüber diskutiert, ob die EZB in großem Stil *Green Bonds* kaufen sollte, die die EIB zur Finanzierung von Klimaprojekten herausgibt. Der *Green Deal* soll Europa bis 2050 klimaneutral machen – vor allem durch Investitionen in erneuerbare Energien, effiziente Gebäude und umweltfreundliche Mobilität. Der Mechanismus ähnelt damit unserem Finanzierungskonzept für den „Aufbau Afrika“: Auch hier geht es darum, das Potenzial des Kapitalmarkts zu nutzen, um wichtige und sinnvolle Investitionen zu finanzieren. Inwieweit die EZB dies als wichtige Kraft am Kapitalmarkt flankierend unterstützen könnte, ohne ihre Unabhängigkeit aufzugeben, ist allemal diskussionswürdig.

EXKURS: SICHERHEITSZONE IN LIBYEN, BÜRGERKRIEGE IN „SAHELISTAN"

Africa Bonds könnten auch eingesetzt werden, um die Flüchtlingskrise zu meistern. Denkbar wäre in diesem Zusammenhang die Schaffung einer Sicherheits- und Freihandelszone in Nordafrika (in Kooperation mit der AU). Als Standort infrage käme zum Beispiel der *Failed State* Libyen – natürlich nur auf Basis eines UN-Mandats und mit dem Einverständnis relevanter politischer Kräfte vor Ort. In dieser Zone könnten EU und AU dann gemeinsam in Hafenanlagen, Verkehrswege, Wohnungen, Schulen, Krankenhäuser und mehr investieren – und mit Steuer- und Zollprivilegien mittelfristig europäische Unternehmen anlocken. Auf diese Weise könnte die Sicherheitszone auf lange Sicht ein pulsierender Wirtschafts- und Freihandelsstandort mit hohen Sozial- und Wirtschaftsstandards werden.

Sicher: Um dieses Ziel zu erreichen, müssten zahlreiche Hürden überwunden werden. Das sollte uns aber nicht davon abhalten, darüber zu diskutieren und Potenziale auszuloten. Denn wir würden langfristig mehrere Probleme zugleich lösen: Wir könnten Schleusern das Geschäft abgraben, Menschen vor der „Todesfalle Mittelmeer" schützen und eine geregelte Migration nach Europa organisieren. Wer keinen Anspruch auf Asyl hat, könnte womöglich sogar in der Sicherheitszone bleiben und eine menschenwürdige, fair bezahlte Arbeit finden. Wir sind überzeugt, dass von einem solchen Ansatz die gesamte Region profitieren kann.

Klar ist auch: Für die Stabilität einer Sicherheitszone ist militärische Präsenz unerlässlich. Die EU sollte deshalb bereit sein, afrikanische Partner auch auf dieser Ebene zu unterstützen – was einmal mehr zeigt, dass wir eine europäische Armee brauchen und eine gemeinsame EU-Außenpolitik, die diesen Namen auch verdient. In diesem Zusammenhang regen wir an, afrikanische Reformstaaten auf Wunsch auch mit Eingreiftruppen zu unterstützen, um die Sicherheit zu garantieren und Terroristen in Schach zu halten. Gäbe es eine europäische Armee, wäre das ein vielversprechender vierter Hebel, um Reformen im Sinne der Sozialen Marktwirtschaft abzusichern.

HEBEL 2

Entwicklungshilfe – Warum wir jetzt einen „Marshallplan Plus“ brauchen

Wenn auch die Armen auf breiter Front profitieren sollen, müssen wir die Entwicklungszusammenarbeit stärker mit Sozialreformen und Infrastrukturinvestitionen verzahnen.

Eines kann man den Industrieländern nicht vorwerfen: dass sie Afrika nach dem Ende der Kolonialzeit ignoriert hätten. Insbesondere Amerikaner und Europäer haben in den vergangenen Jahrzehnten beträchtliche Summen für Entwicklungshilfe ausgegeben; Schätzungen zufolge sind bis zu 2 Billionen Dollar nach Afrika geflossen. Und das Geld fließt weiter: Laut OECD-Berichten (*Development Aid at a Glance*) zahlen Industriestaaten und Institutionen wie die Weltbank Jahr für Jahr mehr als 50 Milliarden Dollar. Aber die Kritik an der bisherigen Form der Entwicklungshilfe ist in den letzten Jahren immer lauter geworden – zumal Statistiken zeigen, dass weiter Hunderte Millionen Afrikaner unter Armut und Hunger leiden.

WAS HAT DIE KLASSISCHE ENTWICKLUNGSHILFE GEBRACHT?

Die Industrieländer hätten „viele Milliarden an Unterstützung investiert – und es hat fast nichts gebracht“, kritisierte der Drogerieunternehmer Dirk Rossmann, der sich seit vielen Jahren für Afrika engagiert, im Oktober 2018 in einem Interview mit dem *Handelsblatt*. In einem Hintergrundbericht zum Thema konstatierten Redakteure der Zeitung kurz darauf: „Den Ländern, denen am stärksten geholfen wurde, geht es heute am schlechtesten.“

Wir halten die Kritik zwar für zu pauschal – einige Initiativen und Organisationen haben viel bewegt und dürfen stolz auf das Geleistete sein. Aber unterm Strich muss man tatsächlich sagen: Aufwand und Ertrag der Entwicklungshilfe stehen noch lange nicht in einem gesunden Verhältnis.

Zudem basieren Entwicklungskonzepte vielfach auf einer gönnerhaften Attitüde: Afrika wird eindimensional als Kontinent der Kriege, Krisen und Katastrophen gesehen – letztlich als hoffnungsloser Fall, bei dem es das Schlimmste zu verhindern gilt. Dabei ist Afrika zugleich ein Kontinent der Chancen; mehrere Länder machen derzeit gewaltige Fortschritte und sind wichtige, spannende Partner für die Industrieländer. Die Regierungen brauchen deshalb keine Almosen, sondern positive Impulse.

In Afrika fordern deshalb immer mehr Politiker und Wirtschaftsexperten ein Umdenken. Entwicklungshilfe in der traditionellen Form helfe nicht, sondern schade sogar, meint der ghanaische Präsident Nana Akufo-Addo, weil sie Abhängigkeiten schafft und Reformkräfte bremst. Auch der kenianische Ökonom James Shikwati kritisiert, dass die bisherige Entwicklungshilfe Anreize zerstört, gut zu wirtschaften – und Afrika deshalb weiter in die Abhängigkeit treibt. Der Direktor des Inter Region Economic Network (IREN) in Kenia moniert zudem, die Zahlungen aus dem Ausland trügen dazu bei, Machtstrukturen zu verfestigen, von denen wenige profitieren. Zugespitzt formuliert: Entwicklungshilfe nutzt vor allem Potentaten und Oligarchen. Denn sie hält reformbedürftige Systeme am Leben, die ihnen ihre Privilegien sichern – und belohnt damit zugleich mangelnden Reformeifer.

Darüber hinaus fürchten Experten, dass ein großer Teil der Hilfsmittel direkt in die Taschen von Regierungschefs, Ministern und hochrangigen Beamten fließt. So schätzt der Unternehmensberater Prinz Asfa-Wossen Asserate, dass rund 600 Milliarden Euro nicht in Entwicklungsprojekte geflossen, sondern in anderen Kanälen versickert sind. „Sie landeten dann auf Schweizer

Konten oder wurden in Immobilien in Frankreich, London oder sonstwo gesteckt“, kritisierte er 2017 in einem Gastbeitrag für die *Frankfurter Allgemeine Zeitung*.

Die Zahl kann natürlich nur eine grobe Schätzung sein, aber aktuelle Studien untermauern den Verdacht, dass korrupte Eliten hohe Beträge abzweigen. So hat ein Team von Ökonomen im Rahmen einer Analyse für die Weltbank herausgefunden: In den Quartalen, in denen Finanzhilfen an arme Länder ausgezahlt werden, steigen die Einlagen von Privatleuten aus jenen Ländern auf Offshore-Konten im Schnitt um 3,4 Prozent. Das lasse den Rückschluss zu, dass von 100 Dollar Entwicklungshilfe durchschnittlich 7,50 Dollar in Steueroasen landen.

DIE ABKEHR VOM GIESSKANNENPRINZIP

Deshalb ist es höchste Zeit für einen Paradigmenwechsel: Deutschland gehe „weg vom Gießkannenprinzip, hin zu einer zielgerichteten Unterstützung von Reformländern“, heißt es auf der Webseite des Bundesentwicklungsministeriums (BMZ). Das ist das Prinzip der Reformpartnerschaften und des G20 Compact with Africa – eine Initiative, die im Rahmen der deutschen G20-Präsidentschaft entwickelt und 2017 gestartet wurde, um die Zusammenarbeit mit Reformländern zu intensivieren und die dortigen Fortschritte zu beschleunigen. Das Hauptziel besteht darin, mehr Rechtssicherheit und bessere Rahmenbedingungen für Investoren zu schaffen – und auf diese Weise unternehmerisches Engagement zu fördern.

Zugleich hofft man, für mehr Reformbereitschaft und sogar eine Art Reformwettbewerb zu sorgen. Aber wie sieht die „zielgerichtete Unterstützung“ aus? Deutschland und die anderen Geberländer schicken Geld und Experten, um Anti-Korruptions- und Kartellbehörden, Finanzämter und Rechnungshöfe aufzubauen. Zudem fördern sie unter anderem den Aufbau dualer Ausbildungssysteme, effektiver Sicherheitsarchitekturen und erneuerbarer Energien.

Dafür erwartet die internationale Gemeinschaft der Entwicklungshelfer umfassende Reformen – die Devise lautet, wie einst bei der Agenda 2010 von Gerhard Schröder: „Fördern und Fordern“: Afrikanische Entwicklungsländer, die entschlossene Maßnahmen ergreifen, um Rechtsstaatlichkeit und Demokratie zu stärken und die Korruption zu bekämpfen, erhalten mehr Unterstützung. Umgekehrt sinkt die Zahl der Länder, mit denen Deutschland in Sachen Entwicklung intensiv zusammenarbeitet – zunächst von 85 auf 55.

Anders als beim Washington Consensus aus dem Jahr 1990 geht es bei den geforderten Reformen diesmal nicht in erster Linie um Privatisierung und Deregulierung. Im Gegenteil: Politik und öffentliche Institutionen sollen auf dem Markt wieder eine stärkere Rolle spielen. Im Kern geht es um den Aufbau einer funktionierenden Staatsverwaltung und eines Umfeldes, das private Investitionen fördert.

Um die „funktionierende Staatsverwaltung“ zu finanzieren, hat sich die Haltung der internationalen Helfergemeinschaft in Steuerfragen geändert; auch hier wird der Druck erhöht. Schließlich ist es nicht mehr vermittelbar, dass die Steuerquote in den ärmsten afrikanischen Ländern laut BMZ unter 17 Prozent liegt – im OECD-Durchschnitt sind es 35 Prozent. Insgesamt entgehen den Staaten Afrikas Schätzungen zufolge pro Jahr rund 100 Milliarden Dollar an Steuereinnahmen, die für Investitionen in die Infrastruktur, den Aufbau sozialer Sicherungssysteme und die Verwaltung fehlen.

Wohlgemerkt: Es geht in diesem Zusammenhang nicht um Steuererhöhungen, die Investoren und Unternehmer abschrecken. Es geht darum, geltende Steuergesetze konsequent durchzusetzen und insbesondere Privilegierten die Möglichkeit zu nehmen, sich ihnen zu entziehen (was die Ungleichheit verstärkt).

Bislang haben sich zwölf afrikanische Staaten verpflichtet, die Forderungen des G20 Compact with Africa zu erfüllen, darunter neben Deutschlands Reformpartnern Ägypten, Burkina Faso,

Ruanda und Togo. Allein die Weltbank stellt für diese Länder 5,4 Milliarden Dollar bereit, wenn sie die Reformen tatsächlich umsetzen.

Deutschland hat auf dieser Basis des G20 Compact bereits sechs formelle Reformpartnerschaften abgeschlossen. Als erste Länder bekamen 2017 Elfenbeinküste, Ghana und Tunesien den Zuschlag. Im November 2019 kamen auf dem Afrikagipfel in Berlin mit Marokko, Senegal und Äthiopien drei weitere Reformpartner hinzu. Insgesamt erhalten sie allein für 2019 rund 1,8 Milliarden Euro zusätzlich aus Deutschland.

Tabelle 20: Compact with Germany

Wie Deutschland seinen Reformpartnern hilft

Land	Fördersumme[1]	Schwerpunkt
Äthiopien	269,0 Mio. Euro	Wirtschaftsförderung
Elfenbeinküste	216,9 Mio. Euro	Erneuerbare Energien
Ghana	233,2 Mio. Euro	Erneuerbare Energien
Marokko	571,0 Mio. Euro	Banken-/Finanzsektor
Senegal	108,0 Mio. Euro	Wirtschaftsförderung
Tunesien	338,4 Mio. Euro	Banken-/Finanzsektor

[1] zusätzlich zu bisherigen Zusagen, auch in Form zinsgünstiger Kredite

Quelle: BMZ (2020)

Beispiel Ghana: Das Land sei ein „politischer Stabilitätsanker für Westafrika", lobte Minister Müller 2019 auf dem deutsch-afrikanischen Wirtschaftsgipfel in Accra. „Es gibt Rechnungshöfe, es gibt immer mehr Rechtssicherheit." Die Steuereinnahmen hätten sich seit 2010 vervierfacht. Auch das einstige Armenhaus Äthiopien ist zum Hoffnungsträger gereift, weil Ministerpräsident Abiy Ahmed Frieden mit dem Erzfeind Eritrea geschlossen, politische Gefangene entlassen und Oppositionelle in wichtige Positionen berufen hat. Zudem stehen Frauenrechte weit oben auf der Agenda – sein Kabinett besteht zur Hälfte aus Frauen.

Niemand habe erwartet, dass Abiy in kürzester Zeit so radikale Reformen anschieben würde, lobte die International Crisis Group, eine unabhängige Nichtregierungsorganisation mit Sitz in Brüssel, den äthiopischen Regierungschef 2019. Und wie zu beobachten ist, zahlen sich diese Reformen bereits wirtschaftlich aus. Diese Entwicklung will die Bundesregierung nun weiter befeuern.

Klar ist, dass Deutschland genau beobachten wird, ob die Reformpartner ihre Zusagen einhalten. Denn zu den Partnerschaften gehört ein detailliertes Monitoring. So wurde die letzte Tranche für Tunesien erst freigegeben, als das Land wie versprochen 40 neue Mitarbeiter für die Anti-Korruptions-Behörde eingestellt hatte.

WEITERER REFORMLÄNDER: VON ALGERIEN BIS TOGO

Wer gehört sonst noch zu den Reformländern auf dem Kontinent? Neben den Compact-with-Afrika-Ländern machen zum Beispiel Algerien, Botswana, Mauritius, Namibia und Südafrika Fortschritte. Das zeigt unter anderem der *Transformationsindex*, für den die Bertelsmann-Stiftung politische Reformen in 131 Schwellen- und Entwicklungsländern analysiert. Länderexperten prüfen dafür 17 Kriterien wie die „Stabilität demokratischer Institutionen", die „Geldwert- und Fiskalstabilität" und die „Markt- und Wettbewerbsordnung".

Tabelle 21: Ausgewählte Reformstaaten in Afrika

Aktueller Rang unter insgesamt 131 Entwicklungs- und Transformationsländern

Land	Land	Score[1]
13. (...)	Mauritius	8,25
16. (...)	Botswana	7,89
26. (...)	Südafrika	6,96
32 (...)	Ghana	6,75

Land	Land	Score[1]
37. (...)	Namibia	6,50
41. (...)	Botswana	6,43
50. (...)	Benin	6,18

[1] Skala von 1 bis 10

Quelle: Transformationsindex (2019), Bertelsmann-Stiftung

Besonders gelobt hat Minister Müller aus der Gruppe der möglichen Kandidaten Ruanda und Togo: Sie gehörten laut *Doing Business Report* der Weltbank zu den zehn reformfreudigsten Ländern der Welt. Besonders große Fortschritte sind bei der Digitalisierung zu beobachten. Unter anderem können Exporteure landwirtschaftlicher Produkte in Ruanda ihre „Ursprungszertifikate" nun digital erstellen. Togo wiederum habe sein Katastersystem digitalisiert und ein Onlinesystem für Körperschaftsteuererklärungen eingeführt.

Die Entwicklung in Togo beobachten wir besonders aufmerksam, schließlich fungiert einer der beiden Autoren, Martin Schoeller, als Honorarkonsul für die ehemalige französische Kolonie. Die positive Entwicklung in dem Land lässt sich nicht zuletzt am Wirtschaftswachstum ablesen. In der vergangenen Dekade lag dieses zwischen 4,4 und 6,5 Prozent im Jahr.

Dennoch gehört das Nachbarland Ghanas noch immer zu den ärmsten Staaten der Welt – fast die Hälfte der Einwohner lebt unterhalb der Armutsgrenze, was mit einem erschreckenden Ausmaß an Kindersterblichkeit und Kinderarbeit einhergeht. Auch der Demokratisierungsprozess ist noch nicht abgeschlossen.

EXKURS: MÜSSEN REFORMPARTNER LUPENREINE DEMOKRATEN SEIN?

Wäre Togo ein guter Kandidat für eine Reformpartnerschaft mit Deutschland? Wir meinen: Angesichts der wirtschaftsfreundlichen Reformen sollte die Bundesregierung dies ernsthaft prüfen. Allerdings hat Minister Müller deutlich gemacht, dass er zunächst politische Reformen erwartet, darunter die Durchführung von Kommunalwahlen.

In der Tat ist Togo noch keine lupenreine Demokratie. Staatspräsident Faure Gnassingbé ist der Sohn des 2005 verstorbenen Ex-Diktators Gnassingbé Eyadéma, und die Nichtregierungsorganisation Freedom House bewertet das Land als nur „teilweise frei". Mit 47 von 100 möglichen Punkten liegt Togo deutlich hinter Ghana (83) und Tunesien (70) – allerdings nur knapp hinter der Elfenbeinküste (51), die es bereits offiziell zum deutschen Reformpartner gebracht hat. Und die jüngsten Entwicklungen sind positiv.

Die Situation in Togo führt zu der heiklen Frage, wie demokratisch unsere Reformpartner sein müssen. Im Sinne der Hungernden meinen wir: Deutschland, die EU und die G20 dürfen – vorerst – nicht allein lupenreine Demokratien fördern. Auch Regierungen mit großer Machtfülle sollten die Chance auf Unterstützung haben, wenn sie Menschenrechte achten, Reformen vorantreiben und einen klaren Fahrplan für eine Demokratisierung aufstellen. Die bittere Wahrheit lautet: Für Menschen, die zu wenig zu essen haben, sind freie Wahlen nicht die oberste Priorität. Und gerade in instabilen Ländern kann eine gewisse Machtfülle vorübergehend wichtig sein, um die Weichen für einen Wandel zu stellen. So hat Ruandas autoritärer Präsident Paul Kagame eine positive wirtschaftliche Entwicklung angeschoben, von der nicht nur eine kleine Elite profitiert – die African Development Bank hat dem Land gerade „inklusives Wachstum" bescheinigt.

Entwicklungsdiktatur Äthiopien

Oder nehmen wir das Beispiel Äthiopien: Das einstige Armenhaus Afrikas war über Jahre eine Art „Entwicklungsdiktatur". Die autoritäre Regierung habe „Milliarden in die Infrastruktur" investiert und „bemerkenswerte Erfolge im Bildungs- und Gesundheitssektor vorzuweisen", schrieb der *Spiegel* 2019. Seit der Jahrtausendwende habe sich die Armutsquote deshalb auf nunmehr 27 Prozent „mehr als halbiert". „Doch Freiheit und Selbstbestimmung", so der *Spiegel* weiter, habe das autoritäre Regime „den Menschen vorenthalten" – getreu der Devise: „Erst brauchen wir Wachstum, dann, irgendwann, reden wir über Demokratie." Inzwischen ist die Demokratie aber zum Greifen nah;

der reformfreudige Regierungschef Abiy Ahmed hat freie Wahlen angekündigt. Das Beispiel zeigt, dass autoritäre Machthaber wichtige Wirtschaftsreformen antreiben und zugleich den Weg in die Demokratie ebnen können. Wir plädieren deshalb dafür, (noch) autoritär regierte Länder nicht pauschal von Reformpartnerschaften auszuschließen. Angesichts akuter Hungerkrisen bleibt in einigen Fällen keine Zeit, um perfekte demokratische Verhältnisse abzuwarten: Für uns Europäer sollte die Bekämpfung von Armut und Hunger vorerst noch im Vordergrund stehen, um damit die Grundvoraussetzung für ein menschenwürdiges Dasein zu schaffen.

Unabhängig vom Reifegrad der Demokratie sollten wir von potenziellen Reformpartnern allerdings hohe rechtsstaatliche Standards fordern. Dazu gehören auch die Zuständigkeit der internationalen Schiedsgerichtsbarkeit, der Abschluss von Investitionsschutzabkommen und die Zulassung von Interpol. Ohne solche Standards ist internationale Entwicklungszusammenarbeit nicht möglich.

Uns ist bewusst, dass dieser Ansatz dennoch die Gefahr birgt, Regierungschefs zu alimentieren, die sich hinterher als skrupellose Potentaten entpuppen – es wäre nicht das erste Mal. Umso wichtiger ist es, Reformprozesse intensiv zu beobachten.

WARUM DER MARSHALLPLAN ERWEITERT WERDEN MUSS

Fassen wir zusammen: Die Stoßrichtung der Reformpartnerschaften und der G20 Compact-Initiative stimmt. Deutschland und die G20-Staaten schütten das Geld nicht länger mit der Gießkanne aus, sondern unterstützen zielgerichtet beim Aufbau stabiler politischer und wirtschaftlicher Strukturen – aber nur, wenn die Regierungen echten Reformeifer zeigen.

Bislang geht es aber vor allem darum, Rechtsstaat und fairen Wettbewerb zu stärken. Die soziale Frage spielt dagegen nur eine untergeordnete Rolle. Das ist aus unserer Sicht ein schwerer Fehler. Denn dadurch besteht die Gefahr, dass die Armen und Hungernden kaum von höheren Investitionen und Wachstumsraten profitieren.

Ähnlich wie nach dem Washington Consensus könnten wir vergeblich auf den *Trickle Down*-Effekt warten, den libertäre Ökonomen so gerne prognostizieren. Zudem verpuffen Wachstumsimpulse, wenn Ungleichheit und Instabilität hoch bleiben. Ausgerechnet diejenigen, die besonders dringend darauf angewiesen wären, blieben also außen vor.

Wir plädieren deshalb nachdrücklich dafür, den Forderungskatalog um eine soziale Komponente zu erweitern. Zwar heißt es schon jetzt im Marshallplan mit Afrika, die Reformländer sollen die „Einhaltung von internationalen Umwelt- und Sozialstandards" anstreben, „Investitionen in soziale Sicherung" erhöhen und „umfassende soziale Sicherungssysteme" aufbauen. Aber im Vergleich zu anderen Forderungen fehlen konkrete Vorgaben. So bleibt unklar, was „umfassende Sicherungssysteme" und „internationale Sozialstandards" ausmacht. Hinzu kommt, dass die Sozialpolitik in den bisherigen Verhandlungen mit Reformländern allenfalls eine untergeordnete und zum Teil gar keine Rolle spielte.

Wir schlagen deshalb einen „Marshallplan Plus" vor, der den Auf- bzw. Ausbau funktionierender sozialer Sicherungssysteme zu einer Bedingung für weitere, verstärkte Unterstützung macht. Eine konkrete Vorgabe sollte dabei vor allem eine robuste Arbeitslosenunterstützung sein, weil sie die Machtverhältnisse auf dem Arbeitsmarkt verändert und die Chance erhöht, dass gesetzliche Mindestlöhne tatsächlich gezahlt werden. Sie ist für uns deshalb ein ganz entscheidender Schritt zu inklusivem Wachstum und einer Sozialen Marktwirtschaft.

BUDGET FÜR ENTWICKLUNGSHILFE AUFSTOCKEN

Darüber hinaus ist es aus unserer Sicht geboten, den Etat des BMZ von derzeit 11 Milliarden Euro kräftig aufzustocken. „Ich verstehe nicht, warum jeder von Fluchtursachen redet und der Finanzminister ausgerechnet bei der Entwicklungszusammenarbeit spart“, hat Entwicklungsminister Müller 2018 in einem Zeitungsinterview zu Recht kritisiert. Das sei die „falsche Prioritätensetzung“, Deutschland könne und müsse „noch viel mehr leisten“. Auch die EU tue zu wenig und wolle die Mittel für Afrika nur von jährlich 5 auf 6 Milliarden Euro aufstocken. „Das reicht nicht mal im Ansatz und ist ein Zehntel dessen, was wir für Agrarsubventionen ausgeben“, meint Müller. Recht hat er.

Denn vergessen wir nicht: Entwicklungshilfezahlungen können – ebenso wie das von uns vorgeschlagene Infrastrukturprogramm – Investitionen in die Zukunft sein. Und sie zahlen sich nicht nur aus, weil in einem prosperierenden Afrika neue Absatzmärke und Handelspartnerschaften entstehen, die Europa im Systemwettbewerb stärken. Sie bewirken auch Einsparpotenziale an anderer Stelle: Schließlich ist allein im Bundeshaushalt pro Jahr ein zweistelliger Milliardenbetrag für die Unterbringung, Ausbildung und Integration von Flüchtlingen veranschlagt. Hinzu kommen Ausgaben der Kommunen; ganz zu schweigen von den hohen Zahlungen an Transitländer wie Libyen, Niger und die Türkei sowie den Kosten, die die Grenzsicherung und das „Migrationsmanagement“ verursachen: Die EU hat dafür bis 2027 satte 35 Milliarden Euro angesetzt.

Wie viel effektiver wäre es, wenn zumindest ein Teil dieser Summen in Afrika ausgegeben würde, um die Perspektiven der Menschen vor Ort zu verbessern – zum Beispiel durch eine Anbindung ans Stromnetz, durch eine bessere Verkehrsinfrastruktur oder eben durch soziale Sicherungssysteme.

Neben Deutschland sollte sich auch die EU stärker engagieren. Es ist deshalb richtig, den Marshallplan zu europäisieren: 2018 haben die französische und die deutsche Regierung ein Positionspapier veröffentlicht, demzufolge die Außenhilfe der EU „zunehmend als Katalysator genutzt werden“ solle, „um eine auf die Wirtschaft des jeweiligen Nutznießerlandes zugeschnittene Hebelwirkung zu erzielen“. Wenn das ernst gemeint ist, muss auch das europäische Budget für Entwicklungszusammenarbeit kräftig aufgestockt werden. Zudem sollten wir den Mut haben, neue Wege zu gehen: Wir schlagen vor, dass Entwicklungshilfe zum Teil in Form von Zinszahlungen oder -garantien für Infrastruktur-Kredite geleistet werden kann (siehe Hebel 1). Unterstellt, afrikanische Reformländer bekämen diese zu einem Satz von 1 Prozent, könnten wir mit 10 Milliarden Euro pro Jahr Zinsen ein Kreditvolumen von 1 Billion Euro finanzieren. Das birgt die Chance, unseren ersten und zweiten Hebel zu verzahnen und mit der Entwicklungshilfe neben Sozialreformen auch Infrastrukturinvestitionen zu fördern.

HEBEL 3

Handel – Machen wir endgültig Schluss mit *„Europe First"*

Wandel durch Handel ist kein Automatismus. Um das *European Economic Model* zum gemeinsamen Nenner der interkontinentalen Zusammenarbeit zu machen, müssen wir internationale Verträge mit sozialen Standards verknüpfen – und Reformstaaten faire Angebote machen, statt ihnen die Rolle von Rohstofflieferanten zuzuweisen.

Der damalige Kommissionspräsident Jean-Claude Juncker hat 2018 ein weitreichendes EU-Afrika-Freihandelsabkommen und eine „Partnerschaft auf Augenhöhe" vorgeschlagen. Dies könne Investitionen fördern und dazu beitragen, in den nächsten fünf Jahren 10 Millionen Jobs zu schaffen, sagte Juncker.

Wir waren allerdings skeptisch – und sind es immer noch. Denn Unternehmen aus den meisten afrikanischen Staaten können dank des *Everything but arms*-Abkommens ohnehin bereits zollfrei nach Europa exportieren. Bislang hat ihnen der vermeintlich freie Handel aber wenig gebracht, vor allem wegen der unverändert hohen EU-Agrarsubventionen und anderer indirekter Handelshemmnisse.

Und seien wir ehrlich: Selbst wenn auch noch die verbliebenen Zölle und Quoten wegfielen, könnten viele afrikanische Unternehmer ihre Waren gar nicht nach Europa liefern. Beispiel Mauretanien: Die dortigen Fischer sind meist nicht in der Lage, ihren Fang unter Einhaltung sämtlicher Hygienevorschriften auf die europäischen Großmärkte zu liefern.

Damit besteht die Gefahr, dass weitere oder erweiterte Freihandelsabkommen im Juncker'schen Sinne sogar zu Rückschritten führen – vor allem, wenn afrikanische Länder im Gegenzug ihre Märkte ebenfalls weit öffnen müssen, wie es die EU in bisherigen Abkommen meist durchgesetzt hat. Das war „*Europe First*" in Trump-Manier.

Unseres Erachtens brauchen wir deshalb einen Neustart in der Handelspolitik: Statt unverdrossen auf Handelsmaximierung zu setzen, wie sie die World Trade Organization (WTO) traditionell propagiert, sollten wir bei den Handelsbeziehungen zu Entwicklungsländern die Armutsminimierung zur obersten Priorität erklären. Wir müssen den Blick endlich stärker auf die Verlierer der Globalisierung richten und entschlossen darauf hinarbeiten, dass vom Welthandel nicht nur einzelne Länder oder soziale Schichten, sondern möglichst viele Menschen profitieren.

Das wäre eine Wiederbelebung des Geistes der Welthandelskonferenz in Doha 2001, die ausdrücklich die „Armutslinderung" zum Ziel erklärte. Alle Menschen sollten von den „Chancenverbesserungen und Wohlstandsgewinnen" profitieren, die der Welthandel bringt, hieß es damals. Leider ist die Aufbruchsstimmung danach schnell wieder abgeflaut.

ERSTENS: EU-AGRARSUBVENTIONEN SENKEN

Wichtig wäre in einem ersten Schritt, die EU-Agrarförderung zu senken. „In den nächsten sieben Jahren will die EU ihre Landwirte mit 400 Milliarden Euro unterstützen", kritisierte Entwicklungsminister Müller 2018 in einem *Handelsblatt*-Interview. „Wie sollen denn da afrikanische Bauern konkurrenzfähig werden?" Obwohl Afrika sich selbst ernähren könne, so heißt es auf der Webseite seines Ministeriums, gebe der Kontinent Jahr für Jahr 35 Milliarden Dollar für Nahrungsmittelimporte aus.

Afrikanische Staats- und Regierungschefs drängen deshalb vehement auf einen Abbau der EU-Agrarsubventionen – auch im Zuge der Neuverhandlung des Cotonou-Abkommens der EU mit den 79 Staaten Subsahara-Afrikas, der Karibik und des Pazifikraums. Denn wenn die Subventionen für Bauern und

Agrarkonzerne sinken, werden Lebensmittel aus der EU teurer. Damit stiegen die Absatz- und Exportchancen afrikanischer Bauern. Ob die Entwicklungsländer diesmal mit ihren Forderungen durchdringen, ist jedoch offen – auch wenn sie bessere Karten haben als bei der letzten Verhandlungsrunde, weil die EU mehr denn je daran interessiert ist, die Migration nach Europa einzudämmen. Dazu muss aber insbesondere die Landwirtschaft in Afrika wieder bessere Beschäftigungsmöglichkeiten bieten.

ZWEITENS: VERTIEFTE PARTNERSCHAFTEN MIT REFORMLÄNDERN

Europa darf sich nicht länger darauf ausruhen, dass es den 34 ärmsten afrikanischen Ländern Zollfreiheit gewährt. Denn auch jenseits der Zölle gibt es zahlreiche Hemmnisse, die Anbietern aus Afrika das Leben schwer machen. Dazu gehören hohe Produktstandards, zu wenig Schutz vor hochsubventionierten Konkurrenten aus Industriestaaten („Gegenseitigkeitsprinzip") und Abgabensysteme, die die Wertschöpfung in Afrika unattraktiv machen (und Afrika damit de facto zum Rohstofflieferanten degradieren). So müssen Exporteure veredelter Produkte häufig hohe Abgaben zahlen. Für gerösteten oder löslichen Kaffee zum Beispiel fordert der deutsche Zoll die Kaffeesteuer von bis zu 4,78 Euro pro Kilogramm – rohe Kaffeebohnen bleiben dagegen steuerfrei. Um die Veredelung und Wertschöpfung in Afrika attraktiver zu machen, denkt die Bundesregierung derzeit bereits darüber nach, die Kaffeesteuer für Fair-Trade-Produkte auszusetzen.

Wir plädieren außerdem dafür, jenen Entwicklungsländern vertiefte Handelspartnerschaften anzubieten, die entschlossen gegen Armut kämpfen und Sozialsysteme auf- bzw. ausbauen. Auf diese Weise können wir internationale Verträge mit Standards verknüpfen und das auf Gegenseitigkeit basierende European Economic Model zum gemeinsamen Nenner machen.

Dabei müssen indirekte Handelshemmnisse im Zentrum stehen. So sollte die EU Exporteuren gezielte Unterstützung zusichern, um Hygiene-, Produkt- und andere EU-Standards einzuhalten. Dazu können wir zum Beispiel Exportberater auf Reisen schicken oder gezielte Finanzhilfe anbieten. Auch über Ausnahmeregelungen sollten wir diskutieren.

Darüber hinaus müssen wir unseren Partnerländern die Chance geben, ihre eigenen Produzenten vor Konkurrenz aus dem Ausland zu schützen – auch durch neue Importzölle oder -quoten. In den vergangenen Jahren hat die EU beim Abschluss von Wirtschaftsabkommen leider darauf gedrängt, auf solche Instrumente weitgehend zu verzichten. Wir halten das für unangemessen und appellieren an die Verantwortlichen, dies rückgängig zu machen: Wenn wir es ernst meinen mit der Armutsbekämpfung, müssen wir reformbereiten Entwicklungsländern mehr Spielräume geben, und zwar auch für einseitige Handelsbeschränkungen.

Außerdem müssen alle Steuer-, Zoll- und Produktregeln auf den Prüfstand, die Wertschöpfung vor Ort unattraktiv machen – die deutsche Kaffeesteuer ist bereits genannt worden. Solange wir Afrika zum Rohstofflieferanten degradieren und Wertschöpfung vor allem im Norden stattfindet, verhindern wir entscheidende Fortschritte im Kampf gegen Hunger und Armut.

Neben neuen bilateralen Abkommen mit reformfreudigen Staaten wäre auch eine Handelsgemeinschaft der EU mit ausgewählten afrikanischen Ländern denkbar – also ein einzelner Vertrag mit mehreren Ländern, der zugleich ein erster Schritt zu einem gemeinsamen afrikanisch-europäischen Wirtschaftsraum wäre. Dafür brauchen wir langfristig neben sozialen Standards weitere gemeinsame Regeln – etwa mit Blick auf den Umweltschutz und technische Normen.

Wer hartnäckig Reformen verweigert, sollte allerdings nicht in den Genuss neuer Spielräume kommen – sondern sogar mit der Wiedereinführung von Handelshemmnissen für die eigenen Exporteure rechnen müssen. Das könnten zum Beispiel Zölle sein, die im Rahmen von Wirtschaftsabkommen bereits ausgesetzt wurden.

BILATERALISMUS ODER MULTILATERALISMUS?

Uns ist bewusst, dass ein Übergang zum Bilateralismus Gefahren für Entwicklungsländer birgt, weil die Starken ihre Macht ausspielen könnten. Allerdings muss man sagen: Das ist auch beim multilateralen WTO-Ansatz der Fall. Denn die Industrieländer haben ihren Versprechungen auf der Doha-Konferenz kaum Taten folgen lassen. Zudem sitzen entwickelte Länder auch im Multilateralismus de jure und de facto am längeren Hebel, wenn es zu Handelsdisputen kommt. Das liegt auch an Schwächen des WTO-Streitschlichtungssystems.

Unser Ansatz, politische Entscheidungsträger in die Pflicht zu nehmen und Handelserleichterungen an Sozialreformen zu knüpfen, erscheint uns fairer, als allein die Unternehmen in Entwicklungsländern zur Einhaltung von Sozialstandards anzuhalten. Dazu soll das geplante Lieferkettengesetz führen, demzufolge große deutsche Unternehmen künftig prüfen müssten, ob es bei Zulieferern im Ausland zu Menschenrechtsverletzungen kommt. Das ist zu begrüßen, weil es den Druck auf Unternehmen erhöht – es kann aber auch negative Folgen haben. Denn wenn deutsche Importeure bald detaillierte Dokumentationen und Zertifizierungen verlangen, würde dies viele Kleinunternehmer in Entwicklungsländern benachteiligen, für die der Aufwand zu groß ist. Der Gesetzgeber sollte die Anforderungen deshalb nicht zu hoch schrauben. Zugleich ist es notwendig, umso entschlossener auf politische Reformen vor Ort zu drängen, um die Menschenrechte zu garantieren. Wenn im betreffenden Partnerland die rechtlichen Rahmenbedingungen stimmen und die *Rule of Law* durchgesetzt wird, lassen sich die entsprechenden Probleme effektiver und vor allem auf breiterer Front angehen.

Auch Nobelpreisträger Joseph Stiglitz hat bereits 2006 gefordert, Handelsverträge und Sozialreformen zu verknüpfen. Wenn es bei Handelspartnern „soziale Ungleichgewichte“ gebe und dortige Unternehmen somit ihre wirtschaftliche Macht nutzen könnten, um Löhne und Arbeitskosten zu senken, sei der Handel ein wichtiger „Kanal“, um Reformen anzuregen.

Die EU hat bereits erste Schritte gemacht, um Handelspartnerschaften an bestimmte gesetzliche Sozialstandards zu knüpfen. „Wir achten darauf, dass unsere Partner die Konventionen der Internationalen Arbeitsorganisation ratifizieren, die beispielsweise Kinderarbeit verbieten“, sagte die damalige EU-Handelskommissarin Cecilia Malmström 2018 in einem Interview mit der *Zeit*.

Es gilt nun, diesen Weg konsequent fortzusetzen und den Abbau von Handelshemmnissen auch an die Einführung bzw. den Ausbau sozialer Sicherungssysteme zu knüpfen. Damit wäre der Handel neben der Finanzierung von Infrastrukturprojekten und der Neuausrichtung der Entwicklungshilfe der dritte mächtige Hebel, um die Soziale Marktwirtschaft nach Afrika zu exportieren.

EXKURS: WELCHE HEBEL WIR WO EINSETZEN – UND WELCHE ROLLE TOGO SPIELEN KÖNNTE

Weitere Hebel für den Export der Sozialen Marktwirtschaft, die wir kurz ansprechen wollen, sind Sanktionen und Investitionsbeschränkungen: Die EU könnte Unternehmen, Oligarchen und Politikern aus Staaten, die Reformen verweigern, das Leben schwerer machen. Dazu steht uns ein reichhaltig bestücktes Arsenal zur Verfügung – von Einreiseverboten über die Sperrung von Häfen für Yachten der Profiteure menschenrechtsfeindlicher Praktiken bis hin zu Investitionsbeschränkungen. Ein wirksames Instrument wäre auch eine Verpflichtung, die Herkunft von Geldern nachzuweisen, die in Europa investiert werden sollen.

Europa hat also mehrere Hebel, und je nach Land können wir sie alle einsetzen – oder nur einen oder zwei. Auch hier gilt wieder: Jedes Land braucht seine eigenen Lösungen.

Wir versuchen derzeit, die politisch Verantwortlichen in Deutschland und der Republik Togo für ein Pilotprojekt zu gewinnen. Als Honorarkonsul von Togo kennt Martin Schoeller dortige politische Entscheidungsträger genauso wie deren deutsche Gesprächspartner – allen voran den langjährigen Bundestagsabgeordneten Johannes Singhammer, der heute als Sonderberater für das Bundesentwicklungsministerium arbeitet. Ein zumindest partieller Praxistest ist damit möglich.

Togo ist für unseren Ansatz geeignet wie kaum ein anderes Land. Denn im Rahmen des National Development Plan 2018–2022 (NDP) baut die Regierung schon jetzt soziale Sicherungssysteme aus – und treibt zugleich Investitionen in die Infrastruktur voran. Zu den Leuchtturmprojekten gehört der Bau eines modernen Tiefseehafens in der Hauptstadt Lomé, in dem auch sehr große Schiffe anlegen können. Das soll den Export strategischer Produkte wie Kaffee und Kakao ankurbeln.

Zudem will Togo mit dem NDP, bei dessen Entwicklung das Tony Blair Institute für Global Change tatkräftig mitgeholfen hat, Straßen-, Schienen- und Digitalnetze ausbauen. Durch die Maßnahmen soll das Wirtschaftswachstum von zuletzt gut 5 auf mehr als 7 Prozent pro Jahr steigen. Zudem will die Regierung den Anteil der „absolut Armen" reduzieren und die Ungleichheit senken.

Die Verantwortlichen haben also erkannt: Investitionen in die Infrastruktur sind der entscheidende Schritt, um eine positive Entwicklung in Gang zu setzen – vor allem, wenn sie von Sozialreformen begleitet werden. Allerdings ist Togo auf Unterstützung angewiesen, um die nötigen Finanzmittel für den 6 bis 7 Milliarden Euro schweren NDP zusammenzubringen (das Volumen entspricht etwa 1.000 Euro pro Einwohner). Bislang fließt das Geld internationaler Partner nur langsam: Ende 2019 hat die

Weltbank 150 Millionen Dollar freigegeben (87,5 Millionen als Zuschuss, den Rest als Kredit mit 38 Jahren Laufzeit), wenig später sagte die French Development Agency (AFD) 40,7 Millionen Euro zu. Auch andere Institutionen beteiligten sich.

Das ist gut, aber nicht gut genug. Verantwortliche in Togo berichten von langwierigen Verhandlungen und hohen Anforderungen insbesondere von europäischen Geldgebern. Die Chinesen, so ist zu hören, seien deutlich unkomplizierter – bieten aber auch schlechtere Konditionen.

Wir meinen, die Reformanstrengungen in Togo verdienen eine entschlossenere Unterstützung. Entwicklungsbanken sollten deshalb im Rahmen eines Pilotprojekts, das Unterstützung an Reformen knüpft, mehr Geld oder Garantien für Infrastrukturfinanzierungen zur Verfügung stellen – zum Beispiel über die vorgeschlagenen Africa Bonds. Zudem hat Togo aus unserer Sicht das Potenzial, in die Riege unserer Reformpartner aufzusteigen, die mehr Entwicklungshilfe erhalten. Und *last, but not least*, sollten wir über eine vertiefte Handelspartnerschaft reden – ganz im Sinne der drei Hebel unserer Agenda.

AUSBLICK

Der neue EU-Afrika-Pakt ist eine Jahrhundertchance

Die Neuverhandlung des sogenannten Cotonou-Abkommens bietet die große Chance, kurzfristig die Weichen für einen entschlossenen Neustart in der europäisch-afrikanischen Zusammenarbeit zu stellen. Wir müssen sie nutzen.

In den letzten Jahren wurden in der Entwicklungspolitik bereits einige wichtige Weichen gestellt. An erster Stelle sind hier die Reformpartnerschaften im Zuge des erwähnten Marshallplans mit Afrika von Gerd Müller zu nennen, die Unterstützung an Reformen knüpfen. Dieser Paradigmenwechsel fördert Veränderungen und wird Reformstaaten attraktiver für Investoren und Unternehmer machen – und dadurch Wohlstand und Arbeitsplätze schaffen.

Das reicht aber nicht. Damit die neue Afrikapolitik echte Schlagkraft entfaltet und Millionen Jobs entstehen, muss sie zum gemeinsamen europäischen Projekt werden. Vor allem gilt es, die beiden anderen Hebel in der Entwicklungszusammenarbeit zu adressieren: den Handel und die Finanzierung der Infrastruktur, die bisher vernachlässigt und den Chinesen überlassen wurden.

Dazu bietet sich in diesen Monaten eine riesige Chance. Denn die EU verhandelt derzeit mit 79 Staaten Afrikas, der Karibik und des Pazifikraums (AKP) über das Cotonou-Folgeabkommen, das noch während der deutschen EU-Ratspräsidentschaft (also bis zum Jahresende) abgeschlossen werden soll. Ziel sind dabei nach aktuellem Stand drei einzelne Abkommen mit den Regionen Afrika, Karibik und Pazifik.

In dem Pakt aus dem Jahr 2000 geht es um folgende sechs Kernbereiche: Menschliche Entwicklung, Menschenrechte/gute

Regierungsführung, Wirtschaft/Handel, Umwelt/Klima, Migration/Mobilität sowie Frieden/Sicherheit. So vielversprechend das Abkommen klingt, so wenig hat es allerdings bisher bewegt.

Das neue Abkommen müsse ein „Jahrhundertvertrag" werden, hat Bundesentwicklungshilfeminister Gerd Müller im Januar 2020 gefordert. Die EU dürfe Afrika nicht länger nur als Absatzmarkt für subventionierte billige Agrarprodukte sehen. Tatsächlich hat die Neuverhandlung das Potenzial, eine Zeitenwende einzuläuten: Mit den richtigen Schwerpunkten und Formulierungen können die Verantwortlichen binnen weniger Wochen die Weichen für einen entschlossenen Neustart in der EU-Afrika-Politik und einen gemeinsamen Wirtschaftsraum stellen.

WORAUF ES JETZT ANKOMMT

Denn das Abkommen kann den Rahmen setzen für den beschleunigten Ausbau der Infrastruktur – gekoppelt mit den sozialen und ökologischen Reformen, ohne die breiter Wohlstand nicht möglich ist. Es kann also Initialzündung und optimale Basis für Reformpartnerschaften werden, in deren Rahmen europäische Gelder mobilisiert, Infrastrukturprogramme aufgelegt und soziale Sicherungssysteme ausgebaut werden. Aber was muss in diesem Abkommen stehen, um diese Ziele zu erreichen? Wo liegen die Knackpunkte? Welche Hürden sind zu überwinden?

Erstens: Wir plädieren dafür, bei den Grundsätzen, Zielen, Entwicklungsstrategien und Kooperationsformen auf klare Formulierungen zur sozialen Sicherung zu drängen. Die Themen Sozialsysteme und Löhne müssen im Vertrag ins Zentrum gerückt werden. Deshalb schlagen wir unter anderem eine neue Präambel vor, die die Bedeutung dieses Aspektes im gemeinsamen Kampf gegen die Armut hervorhebt. Das wäre die Basis, um Entwicklungshilfe klarer an Sozialreformen zu knüpfen und die Soziale Marktwirtschaft zum gemeinsamen Leitbild zu machen.

Zweitens: Wir müssen das Thema „Unterstützung bei der Finanzierung der Infrastruktur" in den Vertrag aufnehmen.

Zudem sollten wir in den Verhandlungen eine Ausweitung des Mandats von Entwicklungsbanken wie zum Beispiel der European Bank for Reconstruction and Development in Afrika ankündigen (als Basis für eine Infrastrukturoffensive).

Drittens: Damit diese Institutionen die ihnen von uns zugedachte zentrale Rolle spielen können, um Kapital für Infrastrukturkredite zu mobilisieren, sollte das Abkommen neue Formen der Entwicklungshilfe ermöglichen. Besonders wichtig ist aus unserer Sicht die Möglichkeit, Entwicklungshilfe auch in Form von Zinszahlungen oder -garantien für Infrastrukturkredite anzubieten (bei Ländern, die die Reformkriterien erfüllen).

Viertens: Wichtig erscheint uns, klar und unmissverständlich das Ziel zu formulieren, indirekte Handelshemmnisse zu beseitigen und die Wertschöpfung vor Ort zu fördern. Das wäre eine Steilvorlage, um anschließend neue bilaterale Handelsverträge abzuschließen, in denen die EU Entwicklungsländern größere Spielräume lässt. Dadurch kann sie zugleich Anreize für europäische Unternehmen schaffen, lohnintensive Tätigkeiten aus Asien nach Afrika zu verlagern. Das würde deren Abhängigkeit von Fernost reduzieren und nach den Erfahrungen der Corona-Krise zum Aufbau stabilerer Lieferketten beitragen.

Fünftens: Im Zuge der Verhandlungen sollten wir Zugeständnisse machen, die über den Vertragstext hinausgehen. So sollten wir den europäischen Entwicklungsfonds, der von 2014 bis 2020 über 30,5 Milliarden Euro verfügte, kräftig aufstocken. Dies könnte unter anderem in Form von Zinsgarantien für Infrastrukturkredite geschehen, womit in der Regel keine Zusatzbelastung europäischer Haushalte einherginge. Zudem gilt es sicherzustellen, dass die EU-Agrarpolitik die Ziele des Abkommens nicht konterkariert.

Sechstens: Ein Problem des bisherigen Abkommens ist, dass es auch für Länder in der Karibik und in der Pazifikregion gilt. Diese haben aber zum Teil andere Interessen und Bedürfnisse. Mit ihnen sollte die EU deshalb wie geplant gesonderte Verträge abschließen, um sich bei Cotonou voll auf Afrika konzentrieren zu können.

Die deutsche EU-Ratspräsidentschaft bietet sowohl Entwicklungsminister Müller als auch Bundeskanzlerin Angela Merkel, deren Amtszeiten sich dem Ende nähern, eine hervorragende Möglichkeit, Großes zu hinterlassen. Die Bundesregierung scheint dafür bereit zu sein: Merkels Afrika-Beauftragter hat bereits weitreichende Änderungen gefordert. Das neue Abkommen dürfe „keine Fortsetzung des alten sein", sagte Günter Nooke 2019. „Es wird Zeit für einen EU-Afrika-Pakt auf Augenhöhe."

Damit sind die Vorzeichen für die finalen Verhandlungen gleich in mehrfacher Hinsicht günstig:

- An entscheidenden Positionen sitzen auf europäischer Seite Politiker, die erkannt haben, dass es höchste Zeit für einen Neuanfang ist (neben Merkel gilt das auch für Emmanuel Macron).
- Die Akteure auf afrikanischer Seite – etwa der togolesische Außenminister und Verhandlungsführer Robert Dussey – können auf beachtliche Reformanstrengungen und Erfolge verweisen.
- Die niedrigen Zinsen eröffnen neue Spielräume bei der Entwicklungsfinanzierung – insbesondere mit Blick auf die Infrastruktur.
- Die Corona-Krise hat das Bewusstsein dafür geschärft, dass wir die großen Herausforderungen dieser Zeit nur gemeinsam lösen können – und dass soziale Sicherungssysteme nicht nur Ausdruck von Solidarität, sondern auch Bedingung für gesellschaftliche und wirtschaftliche Stabilität sind.

Was bislang fehlte, war ein übergreifendes Konzept, das die vielen Ansätze und Ideen weiterentwickelt und konkretisiert sowie lose Enden zusammenführt. Diese Lücke schließt unsere Agenda, die mit dem neuen Cotonou-Abkommen zum Leben erweckt werden könnte.

Damit es zur Initialzündung für ein afrikanisches Wirtschaftswunder wird, schlagen wir vor, im ersten Schritt die Präambel an einigen Stellen zu ergänzen (siehe Auszug, Änderungen gefettet) und und im zweiten Schritt das Ziel einer Europäisch-Afrikanischen Wirtschaftszone zu spezifizieren (dieser Vorschlag wurde dem Bundesentwicklungsministerium im September vorgelegt).

POST-COTONOU-ABKOMMEN / AFRIKA–EU

GESTÜTZT AUF den Vertrag zur Gründung der Europäischen Gemeinschaft einerseits und das Abkommen von Georgetown zur Bildung der Gruppe der Staaten Afrikas [...] andererseits,

IN BEKRÄFTIGUNG ihres Eintretens für eine Zusammenarbeit zur Verwirklichung des Ziels der **schnellstmöglichen** Beseitigung der Armut **und damit auch der Flucht vor Armut**, der nachhaltigen Entwicklung und der schrittweisen Integration **der afrikanischen** Staaten in die Weltwirtschaft,

IN BESTÄTIGUNG ihrer Entschlossenheit, mit ihrer Zusammenarbeit einen wesentlichen Beitrag zur wirtschaftlichen, sozialen und kulturellen Entwicklung der **afrikanischen** Staaten und zu einem höheren Lebensstandard ihrer Bevölkerung zu leisten, ihnen zu helfen, die Herausforderungen der Globalisierung zu bewältigen, und die Partnerschaft zwischen **Afrika** und der EU in dem Bemühen zu vertiefen, dem Prozess der Globalisierung eine stärkere soziale Dimension zu verleihen,

IN ERNEUTER BESTÄTIGUNG ihrer Bereitschaft, ihre besonderen Beziehungen neu zu beleben und ein umfassendes und integriertes Konzept für eine vertiefte Partnerschaft zu verwirklichen, die auf politischem Dialog, Entwicklungszusammenarbeit, Wirtschafts-, **Finanz-** und Handelsbeziehungen **sowie der Unterstützung bei der Finanzierung von Infrastrukturprojekten** beruht,

IN ANERKENNUNG der Tatsache, dass ein politisches Umfeld, in dem Frieden, Sicherheit und Stabilität, **soziale Sicherungssysteme**, die Achtung der Menschenrechte, der demokratischen Grundsätze und des Rechtsstaatsprinzips sowie eine verantwortungsvolle Staatsführung gewährleistet sind, fester Bestandteil der langfristigen Entwicklung ist, und in Anerkennung der Tatsache, dass die Schaffung eines solchen Umfelds in erster Linie Aufgabe der betreffenden Länder ist,

IN ANERKENNUNG der Tatsache, dass eine solide und nachhaltige Wirtschaftspolitik **im Sinne der Sozialen Marktwirtschaft** eine Vorbedingung für jegliche Entwicklung ist **und dass robuste soziale Sicherungssysteme entscheidend sind, damit Wachstum sämtlichen Bevölkerungsgruppen zugutekommt,** [...]

IN DER ERWÄGUNG, dass die auf den Konferenzen der Vereinten Nationen vereinbarten Entwicklungsziele und -grundsätze, **insbesondere das Bekenntnis, den Hunger zu besiegen (*Zero Hunger Challenge*)** sowie das vom Entwicklungshilfeausschuss der OECD gesetzte Ziel, den Anteil der in extremer Armut lebenden Menschen um die Hälfte zu senken, **Verantwortung und Verpflichtung zugleich sind und dass sie** den **afrikanischen** Staaten und der EU bei ihrer Zusammenarbeit im Rahmen dieses Abkommens mehr denn als Richtschnur dienen **müssen, zumal das ursprünglich bereits für 2015 gesetzte Ziel der Halbierung extremer Armut weit verfehlt wurde,** [...]

IN DEM BESTREBEN, die Grundrechte der Arbeitnehmer zu achten und den in den einschlägigen Übereinkommen der Internationalen Arbeitsorganisation niedergelegten Grundsätzen Rechnung zu tragen **sowie die Mindestlöhne kontinuierlich steigen zu lassen, damit das Bevölkerungswachstum durch die Einkommens-Geburtenraten-Korrelation binnen 15 Jahren deutlich zurückgeht.** [...]

European-African Economic Zone:

1. Economic objective:

The EU and AU intend to develop a joint economic zone that will promote ESG standards and the 17 UN sustainable development goals (SDGs), in order to achieve prosperity for the population and an easier exchange of products, services, know-how and financing between the 2 unions.

2. Infrastructure:

The EU is interested to contribute to infrastructure projects and financing on a country by country-basis with a certain coordination and consultation by the AU depending on a binding agreement on certain core standards that should also ease cross-border projects and cooperation. (Most of the SDGs will automatically be achieved when the minimum wage level abolishes extreme poverty.)

Guiding principles for infrastructure cooperation projects EU–AU:

1. **Qualified European infrastructure companies** to be selected through a public tender, based on regional infrastructure planning, shall cooperate with qualified African counter-parties, if existing in the country.

2. At least **80 % of the workforce** should be local and employed with defined social standards such as health insurance, unemployment insurance and **minimum wages** (to be negotiated and revised from time to time) shall be part of the contract.

3. Up to 20 % of the workforce (Europeans) were capable of **transfering know-how and training**. The professional training program in parallel to the execution of the works to transfer know-how to the regional workforce is mandatory.

4. **Transparency**: Contracts, construction documentation and project management and control shall be for example blockchain-based, and accompanied by teams from both sides, international auditors and international arbitration shall apply and be enforceable.

5. **Financing shall be in Euros** at low interests with durations of up to 30 years and longer, non-amortising for the first 15 years. (Comment: While Chinese loans may cost 6 %, European loans will have a 6 % amortisation, but only after 15 years. In this time a strengthening of the African banking system can also contribute.)

Anhang

Executive Summary: unsere Thesen und Empfehlungen im Überblick

1. Der größte Wirtschaftsraum der Welt: Europa und Afrika sind eine Schicksalsgemeinschaft mit gewaltigem Potenzial.
Was gut für Afrika ist, ist langfristig auch gut für Europa; *je mehr Menschen es dort besser geht, desto besser wird es langfristig auch uns gehen.* Denn gemeinsam können wir nicht nur eine Massenflucht gen Norden verhindern, sondern einen florierenden Wirtschaftsraum aufbauen, der breiten Wohlstand schafft und globale Spielregeln prägt.

Statt mitleidig gen Süden zu blicken, müssen wir uns deshalb klar machen: Afrika ist ein Markt mit Milliarden Menschen, die ähnlich arm sind wie die Chinesen vor 30 Jahren. Dieser Nachholbedarf birgt *riesiges Potenzial für unsere Wirtschaft*: In den nächsten Jahrzehnten dürfte in Afrika mehr gebaut werden als in den letzten 100 Jahren in Europa. Auch deshalb haben es afrikanische Reformstaaten verdient, dass wir sie als Partner auf Augenhöhe sehen – und nicht als Almosenempfänger.

2. Systemwettbewerb: Wir dürfen China nicht das Feld überlassen.
China hat das Potenzial des Kontinents erkannt und klotzt im Rahmen seiner Seidenstraßeninitiative, während Europa noch kleckert. Das ist angesichts des verschärften Systemwettbewerbs nicht nur ein ökonomisches, sondern auch ein geostrategisches Risiko. Denn im Zeitalter von „*China First*" bzw. „*America First*" brauchen wir neue Partnerschaften, um das europäische Wirtschafts- und Gesellschaftsmodell zu stärken.

Wir schlagen deshalb eine Infrastrukturoffensive vor, die Europa, Afrika und Indien verbindet. Eine „Gewürzroute 2.0“ kann zur Initialzündung für die afrikanische Wirtschaft werden – und der Zeitpunkt ist angesichts der niedrigen Zinsen günstiger denn je.

3. Der ungeregelte Kapitalismus hat in Afrika auf ganzer Linie versagt – die Soziale Marktwirtschaft ist der Sieger der Systeme.
Afrika hat jahrzehntelang auf freie Märkte gesetzt – nicht zuletzt auf Drängen der westlichen Staatengemeinschaft. Doch anders als Anhänger der *Trickle Down*-Theorie prophezeit hatten, profitierten die Armen kaum vom Wachstum. Stattdessen wuchs vielerorts die extreme Armut und mit ihr *die politische Instabilität.*

Das hat mittelfristig zu deutlich niedrigeren Wachstumsraten geführt, als es die ökonomische Theorie erwarten ließ. Es reicht also nicht, Investoren zu locken und das kurzfristige Wachstum zu stimulieren: Wir müssen zugleich dafür sorgen, *dass alle profitieren* – insbesondere die Armen. Aus humanitären wie aus wirtschaftlichen Gründen gilt: Potenzielle Konsumenten müssen auch in der Lage sein, zu konsumieren.

4. Weder „freier“ noch „fairer“ Handel haben die extreme Armut in Afrika beseitigt.
Ähnlich wie der ungeregelte Markt hat auch der schrankenlose Handel wenig bewegt. Die meisten afrikanischen Entwicklungsländer und ein Großteil ihrer Einwohner gehören zu den Verlierern der Handelsliberalisierung. Ein Grund dafür ist, dass Europa an üppigen *Agrarsubventionen* festhält.

Und Fair-Trade-Initiativen? Sie helfen, sind aber oft nur *ein Tropfen auf den heißen Stein*. Das liegt vor allem daran, dass ein Großteil der Wertschöpfung meist weiter in Europa stattfindet, Afrika bleibt Rohstofflieferant. Unterm Strich zeigt sich, dass Freiwilligkeit nicht ausreicht, um effektive Standards für wahrhaft fairen Handel zu etablieren.

5. Die Soziale Marktwirtschaft und Europa sind riesige Chancen für Afrika.
Wer Armut und Hunger besiegen will, muss konsequent auf die Soziale Marktwirtschaft bzw. das *European Economic Model* setzen. Doch soziale Standards, wie wir sie kennen, gibt es in Afrika kaum; fast nirgends existieren Sicherungssysteme, die die gesamte Bevölkerung schützen.

Vor allem Ungelernte haben wegen eines Überangebots an Arbeitskräften keine Alternative zu unterbezahlter Arbeit. Wenn aber der Preis kein Gleichgewicht zwischen Angebot und Nachfrage schafft, muss der Staat eingreifen – und sich an zwei Maximen orientieren: *Wer arbeitet, muss eine Familie ernähren können. Und wer arbeitslos wird, darf nicht Hunger leiden.*

6. Mindestlöhne und Absicherungen für Arbeitslose spielen eine Schlüsselrolle.
Ein entscheidender Schritt auf dem Weg zum *European Economic Model* ist eine soziale Absicherung für Menschen, die ihren Job verlieren. Dann hätten viele von ihnen endlich eine – zumindest vorübergehende – Alternative zu unterbezahlter Arbeit. Das würde insbesondere die Verhandlungsposition ungelernter Arbeiter stärken.

Zudem könnte eine solche Absicherung im Zusammenspiel mit Sozialstandards bei Staatsaufträgen und Anreizen zu offiziellen Arbeitsverhältnissen dazu beitragen, einen echten *Mindestlohn* zu etablieren. Denn existierende gesetzliche Untergrenzen stehen in Afrika oft nur auf dem Papier.

7. Sozialreformen und faire Löhne sorgen für sinkende Geburtenraten – und führen in eine Positivspirale.
Eine Kernthese dieses Buches ist, dass Sozialleistungen und höhere Löhne entscheidend dazu beitragen, das Bevölkerungswachstum zu stoppen. Denn Statistiken zeigen, dass mit höheren Pro-Kopf-Einkommen die Geburtenraten sinken: Ab einer

Größenordnung von 300 US-Dollar im Monat wächst in vielen Fällen die Bevölkerung nicht mehr, was Staaten eine „*demografische Dividende*“ beschert.

Wir reden also nicht über Umverteilung à la „den Reichen nehmen, den Armen geben“. Sozialleistungen entfesseln Wachstumskräfte und *heben die Einkommenspyramide* an. Sie sind kein Nullsummenspiel, sondern Win-Win für Arbeiter und Unternehmer.

8. Nachhaltigkeit: Die Welt ist reif für „Wohlstand für alle“.
Dank des technischen Fortschritts und der Kreislaufwirtschaft können wir den Wohlstand steigern, ohne Umwelt und Klima zu belasten. Klimaschutz und Wohlstand sind keine Gegensätze; wir können Armut und Erderwärmung zugleich bekämpfen – und das Potenzial des Sonnenkontinents nutzen.

Dafür muss Europa auch Investitionen in erneuerbare Energien und andere *saubere Technologien* fordern und fördern. Deutschland kann hier einen positiven Einfluss ausüben, weil es als Land der Energiewende Glaubwürdigkeit genießt – genau wie bei der Sozialen Marktwirtschaft.

9. Europa hat drei mächtige Hebel, um Reformen im Sinne der Sozialen Marktwirtschaft zu fördern – im Rahmen von Partnerschaften auf Augenhöhe.
Das Konzept „Kredit bzw. Garantien mit Reformen“, mit dem Europa die Schuldenkrise gemeistert hat, hat für den Aufbau Afrikas riesiges Potenzial. Deshalb wollen wir Länder, die Reformen im Sinne der Sozialen Marktwirtschaft anschieben, dreifach unterstützen:

- **Finanzierung:** Wir schlagen vor, dass Europa über Entwicklungsbanken binnen zehn Jahren insgesamt 1 Billion Euro für *Infrastrukturprogramme* in Reformländern mobilisiert (das wären weniger als 1.000 Euro pro Afrikaner, die sehr viel bewegen könnten). Zentrales Vehikel dafür könnten

Africa Bonds sein, die von privaten Investoren gekauft und – jedenfalls in der Initialphase – von der EU bzw. ihren Entwicklungsbanken emittiert oder garantiert werden. Schwerpunkt unserer „Gewürzroute 2.0"-Initiative sollte der Aufbau von Verkehrs-, Wasser-, Kommunikations- und Energienetzen sein, weil sie die Basis für privates unternehmerisches Engagement sind. Sie werden einen Wachstumsschub auslösen, der aus Agrarländern mittelfristig Schwellen- und langfristig reife Industrie- und Sozialstaaten macht. Die niedrigen Zinsen bieten die große Chance, Afrika mit Kapital aus Europa aufzubauen. So kann Europa der chinesischen Seidenstraßeninitiative etwas Substanzielles entgegensetzen.

- **Entwicklungshilfe:** Wir plädieren dafür, den Marshallplan mit Afrika auszuweiten und den Aufbau effektiver sozialer Sicherungssysteme – zusätzlich zum Thema Governance – zur Bedingung für intensivere Entwicklungszusammenarbeit zu machen („*Marshallplan Plus*"). Dazu gilt es, das Budget des Bundesentwicklungsministeriums sowie den europäischen Entwicklungsfonds deutlich aufzustocken und die Programme enger mit Investitionen zu verzahnen. Deshalb sollte Europa Unterstützung auch in Form von Zinszahlungen und/oder -garantien für Infrastrukturkredite anbieten. Auf diese Weise können wir Entwicklungshilfe hebeln – bestenfalls um den Faktor 100 (bei einprozentigen Zinsen). Das ermöglicht mehr „Wumms", ohne die Steuern erhöhen zu müssen. Die Entwicklungsministerien und -institutionen, etwa die GIZ, können die Vergabe von Aufträgen für Infrastrukturinvestitionen überwachen und das Monitoring der Reformfortschritte koordinieren.
- **Handel:** Wir fordern einen Paradigmenwechsel in der Handelspolitik. Oberstes politisches Ziel bei den Handelsbeziehungen mit Entwicklungsländern sollte nicht mehr Handelsmaximierung, sondern Armutsminimierung sein. Konkret heißt das: Die EU sollte ihre Agrarsubventionen reduzieren und Reformländern *vertiefte Handelspartnerschaften* anbieten – und zwar

in Form fairer Handelsverträge, die für mehr Wertschöpfung in Afrika sorgen und gleichzeitig soziale Standards fördern. Das wäre echter Fair Trade!

10. Cotonou: Das neue EU-Afrika-Abkommen ist eine Jahrhundertchance.

Die entscheidenden Weichen für unsere Agenda kann die EU in einem neuen Abkommen stellen, über das derzeit verhandelt wird. Wir plädieren deshalb an die EU-Kommission und die Bundesregierung, die im Juli die *EU-Ratspräsidentschaft* übernommen hat, das Cotonou-Folgeabkommen als Jahrhundertchance zu begreifen: Wir sollten den afrikanischen Verhandlungspartnern weitreichende Angebote machen, aber zugleich deutlich machen, dass wir verstärkte Reformen erwarten, die dazu dienen, breiten Wohlstand zu schaffen.

Konkret heißt das: Die Themen *Sozialreformen, fairer Handel und Finanzierung der Infrastruktur* müssen ins Zentrum des Abkommens rücken.

Unsere Antworten auf typische Vor- und Pauschalurteile

Wenn wir mit Menschen über Afrika diskutieren, stoßen wir bisweilen auf hochgezogene Augenbrauen oder gar ein mitleidiges Lächeln. Kein Zweifel: Die These, dass wir Armut und Hunger besiegen können, erscheint einigen Gesprächspartnern naiv, vermessen oder beides.

Immer wieder heißt es beispielsweise, Afrika sei „eben anders", Entwicklungshilfe ein „Fass ohne Boden" und ein soziales Sicherungssystem europäischen Zuschnitts „utopisch". Hier sind unsere Antworten auf typische Vor- und Pauschalurteile:

IST AFRIKA „ANDERS"?

Ja – so wie jeder andere Kontinent auch. Aber wenn Gesprächspartner so argumentieren, wollen sie oft auf etwas anderes hinaus: Afrika, so ihre eigentliche Botschaft, sei doch ein hoffnungsloser Fall. Wir sind dagegen überzeugt: Trotz riesiger Herausforderungen ist Fatalismus fehl am Platz. Wer hätte einst gedacht, dass die asiatischen Tigerstaaten einen solch beispiellosen Aufschwung erleben, wie wir ihn seit Jahrzehnten beobachten können? Und wer hat in der Nachkriegszeit an ein deutsches Wirtschaftswunder geglaubt?

Sicher: In einigen afrikanischen Ländern ist der Weg besonders weit – vor allem wegen langjähriger Bürgerkriege und der Klimakrise. Aber zugleich gibt es vielerorts erfreuliche Entwicklungen, zum Beispiel bei deutschen Reformpartnern wie Ghana oder Senegal. Und in Äthiopien treibt der neue Regierungschef und Friedensnobelpreisträger Abiy Ahmed beeindruckende Reformen voran, die wirtschaftliche Erfolge befeuern. Das zeigt eindrucksvoll, dass vermeintlich Unmögliches möglich ist. *Lasst uns weitere „hoffnungslose Fälle" angehen!*

SIND AFRIKANER „ANDERS"?

Bisweilen schwingt in Pauschalurteilen ein rassistischer Unterton mit. Auch wenn es uns gegenüber niemand offen sagt, scheint mancher noch das Vorurteil zu pflegen, dass Afrikaner tendenziell arbeitsscheu seien. Manche rassistischen Stereotype halten sich eben auch im 21. Jahrhundert hartnäckig.

Wenn jemand so denkt, ist es natürlich kein Wunder, dass er sowohl einen Rückgang des Bevölkerungswachstums als auch ein Wirtschaftswunder in Afrika für utopisch hält. Dazu an dieser Stelle nur so viel: Wer mit eigenen Augen gesehen hat, wie Menschen in Togo, Kenia oder anderswo leben und arbeiten, *ist immun gegen derartige Vorurteile.*

IST ENTWICKLUNGSHILFE EIN „FASS OHNE BODEN"?

Keine Frage: Die Bilanz der letzten Jahrzehnte ist verheerend. Seit dem Ende der Kolonialzeit sind Schätzungen zufolge bis zu zwei Billionen Dollar nach Afrika geflossen. Und vieles davon ist ohne nachhaltigen Effekt regelrecht versickert. Weil Bürgerkriege zaghafte Fortschritte wieder zunichte machten. Weil Potentaten und korrupte Beamte in die eigene Tasche wirtschafteten. Und nicht zuletzt, weil viele Konzepte nicht darauf abzielten, Strukturen zu verbessern.

Aber das Kernproblem hat Entwicklungsminister Gerd Müller (CSU) in seinem Marshallplan mit Afrika und insbesondere in den Reformpartnerschaften konsequent adressiert: Entwicklungshilfe ist nun enger an Reformen geknüpft. Das schafft die richtigen Anreize – und wird dafür sorgen, dass Hilfe künftig vor allem dorthin fließt, wo sie auf fruchtbaren Boden fällt.

Zudem haben staatliche und private Entwicklungshelfer aus den Fehlern der Vergangenheit gelernt. Statt Almosen zu verteilen, geht es bei Projekten immer öfter darum, die Strukturen zu verbessern und Hilfe zur Selbsthilfe zu leisten. So bilden Helfer Landwirte aus, coachen Kleinunternehmer, bauen Schulen oder implementieren Solaranlagen. Das wirkt – auch über Hilfsprojekte hinaus. *Die Behauptung, Entwicklungshilfe bringe wenig, ist deshalb spätestens jetzt eine faule Ausrede.*

MACHT DER NÄCHSTE KRIEG NICHT OHNEHIN WIEDER ALLES KAPUTT?

Natürlich können wir das nicht ausschließen. Aber wer hätte nach dem Zweiten Weltkrieg gedacht, dass Europa ein weitgehend friedlicher Kontinent wird? Und genau das wollen die Afrikaner auch erreichen. Bereits 2002 haben sie deshalb die Afrikanische Union (AU) ins Leben gerufen, der sämtliche Länder des Kontinents angehören.

Kernelement der AU ist die *African Peace and Security Architecture* (APSA), bei der die EU als wichtigster Partner fungiert. Zur APSA gehören eigene Friedensmissionen, um Länder im Kampf gegen Milizen oder Terrororganisationen zu unterstützen. So sind in Somalia mehr als 20.000 afrikanische Soldaten stationiert, überwiegend aus Kenia, Äthiopien, Uganda und Burundi. Und im Vergleich zu bisherigen Interventionen des Westens können sie gewisse Erfolge vorweisen.

Wir sind überzeugt: Die engere Kooperation und gemeinsame Friedensmissionen haben das Potenzial, Afrika zu einem friedlicheren Kontinent zu machen. Dafür braucht der Kontinent aber mehr europäische Unterstützung – nicht nur ökonomisch, sondern auch militärisch.

WIRD UNSERE HILFE UBERHAUPT GEBRAUCHT?

Ein Argument, das wir ebenfalls zu hören bekommen, speist sich gleichermaßen aus der Skepsis gegenüber der Entwicklungshilfe wie aus neoliberaler *Trickle Down*-Zuversicht. Dort, wo Entwicklungshilfe notwendig sei, bringe sie nichts, heißt es manchmal. Und dort, wo sie was bringe, sei sie unnötig. Denn solche Länder seien aus eigener Kraft in der Lage, das Wirtschaftswachstum anzukurbeln und die Armut zu besiegen.

Einige Vertreter dieser Denkrichtung verbinden dies mit der Forderung, dass wir uns voll auf die Katastrophenhilfe nach Missernten, Überschwemmungen oder Dürren konzentrieren sollten.

Wir meinen: Wir dürfen die Katastrophen- nicht gegen die Entwicklungshilfe ausspielen. Natürlich hat Erstere Vorrang, weil akut Menschenleben bedroht sind; die Bundesregierung und die Staatengemeinschaft sollten deshalb stets in der Lage sein, kurzfristig zu helfen – finanziell sowie mit Rat und Tat.

Aber mittel- und langfristig angelegte Entwicklungszusammenarbeit ist nach unserer festen Überzeugung genauso geboten. Denn auch abseits akuter Katastrophen leiden Millionen Menschen – gerade in Afrika. Und wir bestreiten hiermit nochmal entschieden, dass Entwicklungshilfe „nichts bringt": Wenn wir es richtig machen, können wir mit wenig Geld viel bewirken und armen Ländern einen entscheidenden Schub geben. *Abzuwarten, ob sie es irgendwann aus eigener Kraft schaffen, ist für uns keine Option.*

FÜHRT ENTWICKLUNGSHILFE IN DIE ABHÄNGIGKEIT?

Diese Frage ist berechtigt. In der Vergangenheit hat Entwicklungshilfe in der Tat dazu beigetragen, marode und korrupte Systeme am Leben zu erhalten – und damit den Status Quo zementiert, oft zugunsten der jeweils herrschenden Clique.

Doch diese Zeiten nähern sich ihrem Ende. Staatliche und private Entwicklungshelfer verteilen das Geld längst nicht mehr mit der Gießkanne, sondern setzen es zielgenau direkt vor Ort ein: als Hilfe zur Selbsthilfe. Auf diese Weise bauen sie Expertise und Infrastruktur auf – *als entscheidende Basis für weitere Fortschritte aus eigener Kraft, völlig unabhängig von der Entwicklungshilfe.*

SIND FORDERUNGEN AN AFRIKANISCHE REFORMPARTNER NEOKOLONIALISMUS?

Wer nicht nur fördert, sondern auch fordert, baut einen gewissen Druck auf. Und klar: Das könnten Verantwortliche in Afrika als Bevormundung missverstehen. Wir lassen den Einwand dennoch nicht gelten. Denn mit der Formulierung Marshallplan mit Afrika hat Entwicklungsminister Müller deutlich gemacht, worum es geht: um Partnerschaften auf Augenhöhe und auf Basis des gemeinsamen Ziels, die Armut zu besiegen (und damit eine Massenflucht zu verhindern).

Unser Eindruck ist, dass dieser Anspruch bislang auch den Ton der bilateralen Gespräche prägt; eine koloniale Attitüde scheint den deutschen Unterhändlern fremd zu sein. Doch es bleibt ein schmaler Grat: Wir müssen einerseits klare Erwartungen formulieren und genau beobachten, ob Reformen umgesetzt werden – und andererseits Spielräume lassen für afrikanische Lösungen.

Das wird unweigerlich Debatten auslösen, die wir selbstbewusst führen sollten. Denn es wäre nicht das erste Mal, dass der Reformeifer von Staats- und Regierungschefs plötzlich erschlafft, aus welchen Gründen auch immer. Wenn wir einknicken, sobald unsere Forderungen als neokoloniale Besserwisserei diskreditiert werden, ist niemandem gedient – *am wenigsten denen, um die es ganz besonders geht: die Armen und Hungernden.*

SIND EFFEKTIVE SOZIALE SICHERUNGSSYSTEME IN ARMEN LÄNDERN REALISTISCH?

Es ist zweifellos eine große Herausforderung, robuste soziale Sicherungssysteme zu etablieren. Zu den größten Problemen zählen leere Staatskassen, die niedrige Quote formaler Beschäftigungsverhaltnisse und fehlende Verwaltungsstrukturen. Doch wir sind überzeugt: Diese Hürden lassen sich überwinden, wenn der politische Wille vorhanden ist.

So betonen Entwicklungsökonomen unermüdlich, dass sich auch arme Staaten wirkungsvolle Sozialsysteme leisten können. Dazu müssen sie zwar vielfach eine bessere Steuerverwaltung aufbauen, um die Staatseinnahmen zu erhöhen, und zugleich Anreize für offizielle Arbeitsverhältnisse schaffen. Das ist schwierig, aber kein Hexenwerk. Und etliche afrikanische Staaten haben längst damit begonnen.

Hinzu kommt: Was die Identifikation von Anspruchsberechtigten sowie die Organisation der Auszahlungen angeht, haben viele Regierungen in den letzten Jahren wichtige Erfahrungen mit Cash-Transfer-Programmen gesammelt. Vielerorts gibt es also bereits eine solide Basis, um die nächste Stufe zu zünden. *Das Ziel einer effektiven sozialen Sicherung ist damit nicht ambitionierter als im Deutschland der Nachkriegszeit.*

MÜSSEN WIR NICHT ZUNÄCHST DAS WACHSTUM ANKURBELN UND DIE STEUEREINNAHMEN ERHÖHEN?

Immer wieder bekommen wir zu hören, dass die Zeit noch nicht reif sei bzw. dass afrikanische Länder zunächst die richtigen Voraussetzungen schaffen müssen. Es heißt dann oft: Lasst uns erstmal private Investoren anlocken, für mehr Wachstum sorgen, eine leistungskräftige Finanzverwaltung aufbauen. Aber wann genau ist die Zeit für Sozialreformen gekommen?

Wir fürchten: Mit einer Checklistenmentalität kommen wir nicht weiter. Und die Armen haben keine Zeit, darauf zu warten, dass die ersten Punkte auf der Liste abgehakt sind – zumal sie nicht auf einen *Trickle Down*-Effekt hoffen dürfen. Denn von Investitionen und Wachstum allein haben sie in aller Regel: nichts.

Wir müssen deshalb mehrere Herausforderungen gleichzeitig angehen und Maßnahmen aufeinander abstimmen. Dann können sich Fortschritte in den einzelnen Bereichen gegenseitig befeuern, *weil soziale Sicherungssysteme Wachstumskräfte entfesseln.*

MÜSSEN WIR UNS NICHT ZUERST UM „UNSERE" ARMEN KÜMMERN – UND WAS GEHT UNS AFRIKA AN?

Ein weiteres Argument gegen Entwicklungshilfe und Infrastrukturfinanzierung lautet: Wir haben daheim auch zu viele Arme und Obdachlose – und sollten ihnen helfen, statt Geld in anderen Ländern auszugeben. Dazu ein dringender Appell: Lasst uns die Armen dieser Welt nicht gegeneinander ausspielen. Natürlich sollten wir auch hierzulande Lücken im sozialen Netz schließen, um allen ein menschenwürdiges Leben zu ermöglichen (ohne freilich das Netz in eine Hängematte zu verwandeln).

Aber klar ist: Insbesondere in Subsahara-Afrika ist die Not ungleich größer als hierzulande, und es ist für Menschen deutlich schwerer, der Armut aus eigener Kraft zu entrinnen. Zudem sind wir ohnehin überzeugt, dass Solidarität nicht an Grenzen haltmachen darf.

Wer Entwicklungszusammenarbeit nicht aus ethischen Gründen befürwortet, sollte dies übrigens zumindest aus purem Egoismus tun – und zwar entschlossener denn je. Denn der Klimawandel trifft Afrika hart; zugleich sorgen Globalisierung und Digitalisierung dafür, dass Arme überall auf der Welt wissen, wie gut es uns geht. Wenn Afrika arm bleibt, werden deshalb viele Millionen Menschen zu uns flüchten und schwere gesellschaftliche Konflikte auslösen. Dies könnte schlimmstenfalls Nationalisten an die Macht bringen und unseren auf europäischer Kooperation basierenden Wohlstand und Frieden gefährden.

Das Konzept „Festung Europa“ ist nach unserer festen Überzeugung langfristig nicht durchzuhalten; jedem sollte klar sein: *Wenn es Afrika nicht besser geht, wird es uns bald schlechter gehen.*

Literatur- und Quellenverzeichnis

KAPITEL 1

Beegle, Kathleen u.a.: Accelerating Poverty Reduction in Africa, Washington, DC: World Bank (https://openknowledge.worldbank.org/handle/10986/32354)

UN-Generalversammlung: Sustainable Development Goals, in: Resolution 69/315. Entwurf des Ergebnisdokuments des Gipfeltreffens der Vereinten Nationen zur Verabschiedung der Post-2015-Entwicklungsagenda, 1.9.2015 (https://www.un.org/depts/german/gv-69/band3/ar69315.pdf)

Food and Agriculture Organization of the United Nations: State of Food Security and Nutrition. Safeguarding against economic slowdowns and downturns, Rom: FAO 2019 (http://www.fao.org/3/ca5162en/ca5162en.pdf)

Food and Agriculture Organization of the United Nations: Africa. Regional Overview of Food Security and Nutrition 2019, Accra: FAO 2020 (http://www.fao.org/3/ca7343en/CA7343EN.pdf)

Grebme, Klaus von u.a.: Welthunger-Index. Wie der Klimawandel den Hunger verschärft, Dublin u.a.: Welthungerhilfe 2019 (https://www.welthungerhilfe.de/aktuelles/publikation/detail/welthunger-index-2019/)

International Labour Organization: World Social Protection Report 2017-19, Genf: ILO 2017 (https://www.ilo.org/wcmsp5/groups/public/---dgreports/---dcomm/---publ/documents/publication/wcms_604882.pdf)

KAPITEL 2

Abela, Guy J. u.a.: Climate, conflict and forced migration, in: Global Environmental Change 54 (2019), S. 239-249 (https://pure.iiasa.ac.at/id/eprint/15684/1/1-s2.0-S0959378018301596-main.pdf)

Food and Agriculture Organization of the United Nations: Global Report on Food Crises, Rom: FAO 2018/2019 (http://www.fsincop.net/fileadmin/user_upload/fsin/docs/global_report/2018/GRFC_2018_Full_report_EN_Low_resolution.pdf und https://www.fsinplatform.org/sites/default/files/resources/files/GRFC_2019-Full_Report.pdf)

University of Notre Dame: Notre Dame Global Adaption Index, Notre Dame 2018 (https://gain.nd.edu/our-work/country-index/)

International Organization for Migration of the United Nations: Missing Migrants Project, Genf: IOM 2014-2020 (https://missingmigrants.iom.int/report-missing)

Bundesamt für Migration und Flüchtlinge: Asylgeschäftsstatistik, Nürnberg: BAMF 2019/2020 (https://www.bamf.de/DE/Themen/Statistik/Asylzahlen/AsylGesStatistik/asylgeschaeftsstatistik-node.html)

Goldin, Ian u.a.: Migration and the Economy. Economic Realities, Social Impacts & Political Choices, Oxford 2018 (https://www.oxfordmartin.ox.ac.uk/downloads/reports/2018_OMS_Citi_Migration_GPS.pdf)

Chami, Ralph u.a.: Are Remittances Good for Labor Markets?, IMF 2018 (https://www.imf.org/en/Publications/WP/Issues/2018/05/09/Are-Remittances-Good-for-Labor-Markets-in-LICs-MICs-and-Fragile-States-45839)

KAPITEL 3

Bardt, Hubertus: Afrikas divergierende wirtschaftliche Potentiale, Köln: IW 2017 (https://www.iwkoeln.de/fileadmin/publikationen/2017/357305/IW-Trends_2017-03-03_Bardt.pdf)

United Nations: World Population Prospects, New York: UN 2019 (https://population.un.org/wpp/Publications/Files/WPP2019_Highlights.pdf)

Angenendt, Steffen u.a.: Bevölkerungswachstum, Fertilität und Kinderwunsch, Berlin: SWP 2014 (https://www.swp-berlin.org/fileadmin/contents/products/studien/2014_S20_adt_pop.pdf)

Cilliers, Jakkie: Fertility, growth and the future of aid in sub-Saharan Africa, Brüssel: ISS 2017 (https://issafrica.s3.amazonaws.com/site/uploads/aitwr-6-2.pdf)

Addati, Laura u.a.: Maternity and paternity at work. Law and practice across the world, Genf: ILO 2014 (http://www.ilo.org/wcmsp5/groups/public/---dgreports/---dcomm/documents/publication/wcms_242617.pdf)

KAPITEL 4

African Development Bank Group: African Economic Outlook 2020, Abidjan: ADBG 2020 (https://www.afdb.org/en/documents/african-economic-outlook-2020)

African Development Bank Group: African Development Bank Outlook 2018, Abidjan: ADBG 2018 (https://www.afdb.org/en/documents/annual-report-2018)

KAPITEL 5

United Nations: World Investment Report 2019, New York: UN 2019 (https://unctad.org/en/PublicationsLibrary/wir2019_en.pdf)

Bundesministerium für Wirtschaft und Energie: Pro! Afrika - Perspektiven fördern, Chancen nutzen, Wirtschaft stärken, Berlin: BWE 2017 (https://www.bmwi.de/Redaktion/DE/Downloads/S-T/strategiepapier-pro-afrika.pdf?__blob=publicationFile&v=22)

Morgan Stanley: Inside China's Plan to create a modern Silk Road, New York 2018 (https://www.morganstanley.com/ideas/china-belt-and-road)

Africa Attractiveness Report 2019, Johannesburg: EY 2019

Trebesch, Christoph u.a.: Chinas Overseas Lending, Kiel: ifw 2019 (https://www.ifw-kiel.de/fileadmin/Dateiverwaltung/IfW-Publications/Christoph_Trebesch/KWP_2132.pdf)

TEIL II: DIE THESEN

Sommer, Theo: China First. Die Welt auf dem Weg ins chinesische Jahrhundert, München: C. H. Beck 2019

Stiglitz, Joseph: Die Chancen der Globalisierung, München: Siedler 2006 (Originaltitel: Making Globalization Work, New York: Norton 2006)

Stiglitz, Joseph u.a.: Fair Trade – Agenda für einen gerechten Welthandel, Hamburg: Murmann 2006 (Originaltitel: Fair Trade For All. How Trade Can Promote Development., Oxford: Oxford University Press 2005)

Spiegel, Peter u.a.: Die 1-Dollar-Revolution: Globaler Mindestlohn gegen Ausbeutung und Armut, München: Piper 2016

Global Wage Report 2018/2019, Genf: International Labour Organization 2019 (https://www.ilo.org/global/publications/books/WCMS_650553/lang--en/index.htm)

Macron, Emmanuel: Für einen Neubeginn in Europa, Paris 2019 (https://www.elysee.fr/emmanuel-macron/2019/03/04/fur-einen-neubeginn-in-europa.de)

Global Wealth Databook 2018, Zürich: Crédit Suisse 2018 (https://www.credit-suisse.com/about-us/de/research-berichte/studien-publikationen.html)

The Commitment to Reducing Inequality Index, Nairobi: Oxfam 2018 (https://www.oxfamamerica.org/explore/research-publications/the-commitment-to-reducing-inequality-index-2018/)

Loewe, Markus u.a.: Keine Stabilität ohne soziale Sicherheit, Bonn: Deutsches Institut für Entwicklungspolitik 2017 (https://www.die-gdi.de/die-aktuelle-kolumne/article/keine-stabilitaet-ohne-soziale-sicherheit/)

Kriegesmann, Karina: Das brasilianische Transferprogramm „Bolsa Familia“, Berlin: Konrad-Adenauer-Stiftung 2011 (https://www.kas.de/de/web/sopla/publikationen/einzeltitel/-/content/das-brasilianische-transferprogramm-bolsa-familia-)

Fallstudie Malawi: Grundsicherung. Ein Netz für sehr arme Menschen aufspannen, Berlin/Bonn: Bundesministerium für wirtschaftliche Entwicklung und Zusammenarbeit 2016 (http://www.bmz.de/de/themen/2030_agenda/historie/MDGs_2015/unser_beitrag/malawi_soziale_sicherung/index.html)

Kaps, Alisa u.a.: Afrikas demografische Vorreiter – Wie sinkende Kinderzahlen Entwicklung beschleunigen , Berlin: Berlin-Institut für Bevölkerung und Entwicklung 2019, (https://www.berlin-institut.org/publikationen/studien/afrikas-demografische-vorreiter.html)

Boldrin, Michele u.a.: Fertility and Social Security", Cambridge: JODE - Journal of Demographic Economics, Cambridge University Press 2015 (https://www.cambridge.org/core/journals/journal-of-demographic-economics/article/fertility-and-social-security/4FA674742794B-C43650452A21CBD1C0D)

TEIL III: DIE AGENDA

Müller, Gerd / Weber, Manfred: Europa muss ein Signal setzen, *Handelsblatt* vom 17.8.2020

Conze, Albrecht: Es ist Zeit für die EBRD: Wie Europa auf Chinas Dominanz in Afrika reagieren kann, Kampala 2019 (https://www.united-europe.eu/de/2019/07/es-ist-zeit-fuer-die-ebrd-wie-europa-auf-chinas-dominanz-in-afrika-reagieren-kann/)

Berglöf, Eric: Es ist Zeit für eine schlagkräftige europäische Entwicklungsbank, WirtschaftsWoche vom 13.12.2019

Development Aid at a Glance – Statistics by Region – 2. Africa, Paris: OECD 2019 (http://www.oecd.org/dac/financing-sustainable-development/development-finance-standards/official-development-assistance.htm)

Juel, Jørgen u.a.: Elite Capture of Foreign Aid - Evidence from Offshore Bank Accounts, Washington: World Bank Group 2020 (https://documents.worldbank.org/en/publication/documents-reports/documentdetail/493201582052636710/elite-capture-of-foreign-aid-evidence-from-offshore-bank-accounts)

Afrika und Europa: Neue Partnerschaft für Entwicklung, Frieden und Zukunft – Eckpunkte für einen Marshallplan mit Afrika, Berlin/Bonn: Bundesministerium für wirtschaftliche Entwicklung und Zusammenarbeit 2017 (http://www.bmz.de/de/laender_regionen/marshallplan_mit_afrika/)

The G-20 Compact with Africa – A Joint AfDB, IMF and WBG Report, Abidjan / Washington: International Monetary Fund u.a. 2017 (https://www.compactwithafrica.org/content/compactwithafrica/home/documents.html)

Transformation Index, Gütersloh: Bertelsmann Stiftung 2019 (https://www.bti-project.org/de/home.html?&cb=00000)

Doing Business 2019, Washington: World Bank 2018 (https://www.doingbusiness.org/en/reports/global-reports/doing-business-2019)

„In eine gemeinsame Zukunft investieren: Die Wirtschaftspartnerschaft zwischen Afrika und der EU im Post-Cotonou-Rahmen", deutsch-französisches Positionspapier, Berlin/Paris 2018

WEITERE QUELLEN:

Statistisches Bundesamt, Deutsche Welle, Handelsblatt, Neue Züricher Zeitung, Süddeutsche, WirtschaftsWoche, Die Zeit, Menschen für Menschen – Karlheinz Böhms Äthiopienhilfe, SOS Kinderdörfer

Die Autoren

MARTIN SCHOELLER, 64, ist Mitgründer und geschäftsführender Gesellschafter der Schoeller Group in Pullach (rund 4.000 Mitarbeiter, 1 Mrd. Euro Gruppenumsatz) und war bis vor Kurzem Landesvorsitzender des Verbandes Die Familienunternehmer in Bayern. Er beschäftigt sich seit vielen Jahren mit Afrika, u. a. als Initiator der Desert Food Foundation und als Honorarkonsul der Republik Togo. In dieser Funktion steht er in engem Austausch mit politischen Entscheidungsträgern vor Ort und in Deutschland, um Hilfskonzepte zu entwickeln. (*schoeller.org und desertfood.org*).

DANIEL SCHOENWITZ, 43, ist Wirtschaftsjournalist, Kolumnist und Publizist in Düsseldorf. Nach dem VWL-Studium absolvierte er die Georg von Holtzbrinck-Schule für Wirtschaftsjournalisten und arbeitete sechs Jahre als Redakteur für die *WirtschaftsWoche*. Seit 2010 schreibt der diplomierte Volkswirt als freier Autor für Medien wie *Die Zeit*, das *Manager Magazin*, die *WirtschaftsWoche* und die *GermanBoard-News* (*www.danielschoenwitz.de*; Twitter: *@dschoenwitz*).